Seja líder e amigo

Copyright© 2021 by Literare Books International
Todos os direitos desta edição são reservados à Literare Books International.

Presidente:
Mauricio Sita

Vice-presidente:
Alessandra Ksenhuck

Capa, diagramação e projeto gráfico:
Gabriel Uchima

Revisão e preparação:
Ivani Rezende

Diretora de projetos:
Gleide Santos

Diretora executiva:
Julyana Rosa

Diretor de marketing:
Horacio Corral

Relacionamento com o cliente:
Claudia Pires

Impressão:
Impressul

Dados Internacionais de Catalogação na Publicação (CIP)
(eDOC BRASIL, Belo Horizonte/MG)

R586s   Rios, Alessandro.
        Seja líder e amigo / Alessandro Rios. – São Paulo, SP: Literare Books International, 2021.
        14 x 21 cm

        ISBN 978-65-5922-053-3

        1. Liderança. 2. Família. 3. Pais e filhos. I. Título.
                                          CDD 158.1

Elaborado por Maurício Amormino Júnior – CRB6/2422

Literare Books International.
Rua Antônio Augusto Covello, 472 – Vila Mariana – São Paulo, SP.
CEP 01550-060
Fone: +55 (0**11) 2659-0968
site: www.literarebooks.com.br
e-mail: literare@literarebooks.com.br

Sumário

Introdução 7
1. A perda da atenção............................ 21
2. A retomada da atenção 29
3. A perseverança 37
4. A valorização do filho....................... 45
5. A paciência em 1º lugar..................... 51
6. O amor como centro 73
7. O filho na igreja................................. 83
8. A autoridade dos pais 93
9. A obediência do filho....................... 133
10. O aprendizado das partes 143
11. O respeito como consequência....... 149
12. A confiança de Deus em nós........... 157

Introdução

Seja líder e amigo dos seus filhos. A modernidade trouxe inúmeros facilitadores e boas coisas, no entanto, provocou um desequilíbrio no processo da educação de filhos, já que valores como disciplina, educação, afeto, autoridade, carinho, amor e respeito ficaram distantes entre pais e filhos, muitas vezes separados pela própria tecnologia como celulares, jogos, TVs, redes sociais e outros.

Vamos recordar os ensinamentos da Sagrada Família com a passagem narrada por Lucas, no capítulo 2, versículos 41 a 52, num relacionamento de pai e filho, entre José, Maria e Jesus: "Os pais de Jesus iam todos os anos a Jerusalém para a festa da Páscoa. Quando o menino completou doze anos, subiram para a festa, como de costume. Passados os dias da Páscoa, voltaram, mas o menino Jesus ficou em Jerusalém, sem que seus pais o notassem. Pensando que o menino estivesse na caravana, caminharam um dia inteiro. Depois começaram a procurá-lo entre parentes e conhecidos. Não o tendo encontrado, voltaram a Jerusalém à procura dele. Três dias depois, encontraram o menino no Templo. Estava sentado no meio dos doutores, escutando e fazendo perguntas. Todos os que ouviam o menino estavam maravilhados com a inteligência de suas respostas. Ao vê-lo, seus pais ficaram emocionados. Sua mãe lhe disse: "Meu filho, por que você fez isso conosco? Olhe que seu pai e eu estávamos angustiados, à sua procura". Jesus respondeu: "Por que me procuravam? Não sabiam que eu devo estar na casa do meu Pai?". Mas eles não compreenderam o que o menino acabava de lhes dizer. Jesus desceu então com seus pais para Nazaré, e permaneceu obediente a eles. E sua mãe conservava no coração todas essas coisas. E Jesus crescia em sabedoria, em estatura e graça, diante de Deus e dos homens.

A didática da Sagrada Família

Nessa situação ocorrida na vida de José e Maria, como pais, e de Jesus, como filho, podemos refletir alguns pontos que formam um mapa didático passível para auxiliar-nos no Processo de Educação de Filhos, ajudando-nos a perceber que algumas fórmulas aplicadas antigamente são extremamente eficazes em tempos atuais. Juntos, vamos refletir e crescer.

- **A perda da atenção** – Os pais, José e Maria, pensavam que o filho, Jesus, estava na caravana e caminharam um dia inteiro distraídos com os afazeres do momento. A perda da atenção no filho cegou a visão dos pais a ponto de o filho ter ficado em Jerusalém, sem que seus pais o notassem. Perceba que os afazeres do dia a dia, as responsabilidades diversas com trabalho, casa, esposa(o), parentes, viagens, amizades e outras coisas podem nos afastar dos nossos filhos. Muitas vezes, deixamos de os perceber. Os afazeres fazem com que não observemos nossos filhos, fazem com que deixemos as coisas importantes deles como não importantes para nós, pais, e isso pode provocar a perda de atenção, tão dolorosa, como a falta de afeto, carinho e amor. Hoje é comum ver pais ausentes, mesmo estando ao lado dos filhos. Isso sempre ocorreu, mas não de forma tão duradoura e intensa como vem acontecendo nos dias atuais, em que os filhos vivem no mesmo lar, às vezes no mesmo espaço físico, sem sequer serem percebidos pelos pais. E você, já pensou em quais momentos seus filhos permanecem esquecidos dentro da sua convivência?

- **A retomada da atenção** – Aqui percebemos a importância de voltar os olhos aos nossos filhos, tanto que, somente por meio desse gesto simbólico, é que José e Maria, pais, percebem a ausência de Jesus, filho. E se continuassem pensando nos afazeres? Assim muitos pais vivem hoje, dia a dia, pensando somente nos afazeres. Os pais de Jesus, ao perceberem que esqueceram o filho, tomaram uma postura fundamental no Processo de Educação de Filhos, deixaram os afazeres e focaram ambos a atenção no filho. Sem lamentações, culpas e/ou reclamações, simplesmente voltaram a Jerusalém à procura do filho Jesus. Importante perceber que muitos filhos vivem hoje um vazio deixado pelos pais. Ao perceber isso, basta voltar a atenção ao filho, ofertando um pouco de presença. Só a presença não é suficiente, mas é o início. E você, já pensou que pode ofertar atenção focada aos seus filhos?

- **A perseverança** – José e Maria, os pais, após retomarem a atenção ao filho, foram procurá-lo e só o encontraram três dias depois. Perceba que não desistiram do objetivo, mesmo perante as dificuldades. Isso é foco, amor e dedicação. Isso demonstra como precisamos resgatar a perseverança no Processo de Educação de Filhos, nos mostra que não será fácil, mas que continuar, sem esmorecer, é sempre o melhor caminho. Atualmente, muitos pais até tentam se aproximar dos filhos, no entanto, desistem na primeira dificuldade. Isso quando não se distraem novamente com os afazeres do dia a dia ou com as chamadas coisas tecnológicas. E você, já pensou como está sua perseverança para permanecer próximo ao seu filho?

- **A valorização do filho** – José e Maria, os pais, avistaram Jesus, o filho, sentado no meio dos doutores, escutando e fazendo perguntas. Perceba que todos os que ouviam o menino estavam maravilhados com a inteligência de suas respostas. Isso nos mostra a importância de reconhecermos e valorizarmos as coisas boas dos filhos. Às vezes como pais, passamos muito tempo corrigindo e criticando nossos filhos, sem ao menos ressaltar uma qualidade. Os filhos detêm muitas qualidades, dons e talentos. Precisamos aprender a valorizar as coisas boas e não ressaltar somente as coisas ruins. Às vezes, os filhos encontram fora de casa o que poderiam encontrar dentro dela: elogios e reconhecimento. Isso é triste quando acontece. E você, já pensou como pode valorizar os dons, talentos e qualidades dos seus filhos?

- **A paciência em 1º lugar** – José e Maria, os pais de Jesus, ao vê-lo, demonstraram paciência e serenidade. José nem se pronunciou e Maria o fez com muita prudência, perguntando: "Meu filho, por que você fez isso conosco?". Num momento de tamanha preocupação e angústia, só faz essa pergunta quem realmente tem a paciência como foco principal do relacionamento pais e filhos. José e Maria não julgaram e não condenaram seu filho, mesmo num momento de tamanha tensão. Souberam ter paciência e, de forma serena, indagaram a Jesus, mesmo ambos tendo a convicção de que Jesus agiu "errado" ao ter ficado em Jerusalém. Tanto que, mesmo com a resposta de Jesus, percebemos que Lucas narra que os pais não compreenderam o que Jesus acabava de dizer. Isso demonstra que a paciência é importante para aproximar pais e filhos e que deve sempre estar em primeiro plano nesse relacionamento. Perceba ainda que os pais não discursaram, não fizeram palestra, com lição de moral, com as próprias razões, também não puniram com castigos, agressões verbais e físicas, como também não ameaçaram. Simplesmente colocaram a paciência em primeiro lugar. E você, já pensou como e quando pode ser mais paciente com seus filhos?

- **O amor como centro** – José e Maria, os pais de Jesus, ao vê-lo, ficaram emocionados, irradiaram amor. Num momento de tamanha tensão, não cultivaram raiva ou ódio, mas sim o amor. Tanto que ficaram emocionados; no coração de ambos, o amor era preponderante. O amor cura, restabelece, perdoa, provoca união e, principalmente, educa. A resposta de Jesus não veio com as palavras "desculpa, estou errado", "não vou fazer mais isso" ou "me perdoa", como boa parte dos pais esperam ouvir. A resposta veio em tom de indignação "por que me procuravam? Não sabiam que eu devo estar na casa do meu Pai?". E mesmo sem compreensão das palavras, o amor dos pais preponderou sobre a raiva, o ódio ou o sentimento de punição; afinal, o filho estava perdido e foi encontrado. A melhor parte não foi esquecida. E você, já pensou como e quando pode verdadeiramente expressar amor aos seus filhos?

- **O filho na igreja** – Jesus, como filho de José e Maria, ao ser questionado por seus pais, respondeu em tom de indignação: "por que me procuravam? Não sabiam que eu devo estar na casa do meu Pai?". Jesus respondeu como filho de Deus, mas também como filho de pais humanos, deixando-nos um exemplo de vida, um modelo a ser seguido. Perceba que nessa resposta de Jesus fica claro que as crianças precisam frequentar e participar da Casa de Deus. As crianças, confiadas por Deus a nós, são primeiramente filhos de Deus e nós, como pais, devemos levá-las ao templo, na casa do Pai, para aproximá-las da verdade, do caminho e da vida, para que conheçam a Fé e o Temor a Deus. Os filhos precisam estar na igreja. E você, já pensou como pode aproximar ainda mais seus filhos de Deus?

- **A autoridade dos pais** – Mesmo Jesus sendo filho de Deus, detentor de grande sabedoria, conhecimento e poder, José e Maria, como pai e mãe, exerceram, juntos, a autoridade sobre o filho. Demonstrando que as rédeas da liderança dentro do Processo de Educação de Filhos devem ser sempre dos pais para os filhos, e não o inverso. Atualmente, é comum avistar filhos com autoridade sobre pais, comandando, exigindo, ordenando, impondo e conduzindo pais para diversos caminhos. Isso não é o correto. O filho de José e Maria, mesmo sendo Jesus, acatou a autoridade dos pais, deixando um modelo pronto. Isso ficou visível e claro na narrativa de Lucas, visto que, mesmo depois de o filho manifestar que deveria estar na casa de Deus, José e Maria, como pais, utilizando de autoridade, levaram Jesus, o filho, para a cidade de Nazaré.

Simples, a autoridade é dos pais. E você, já pensou com quem está a autoridade em sua casa? Com seu filho ou com você como pai ou mãe?

- **A obediência do filho** – Jesus, o filho, ao receber uma determinação de José e Maria, os pais, deixou o templo em Jerusalém e seguiu seus pais, em estado de obediência. Tanto que narra o texto de Lucas: "e permaneceu obediente a eles", referindo-se a José e Maria. Jesus foi sensato assim como ensina a passagem em Provérbios, Capítulo 13, Versículo 1, que diz: "Filho sensato aceita a correção do pai; filho insolente não escuta a repreensão". Jesus aceitou as ordens dos pais e permaneceu obediente. Um grande modelo de filho obediente. Os pais precisam ensinar os filhos a serem obedientes. Esse ensinamento precisa acontecer desde as primeiras idades e, para ajudá-los, neste livro quero dar algumas dicas de como conseguir, de forma lúdica, ensinar os filhos sobre obediência. Nesse momento, quero convidá-lo para uma reflexão. E você, já pensou se seu filho vem sendo obediente aos seus comandos e à sua autoridade?

- **O aprendizado das partes** – Por meio deste texto narrado por Lucas, percebemos que o Processo de Educação de Filhos gera aprendizado para ambas as partes, a todo o momento. Pais aprendem com os filhos e filhos aprendem com os pais. Perceba que Lucas narra: "E sua mãe conservava no coração todas essas coisas". E ainda: "E Jesus crescia em sabedoria...". Fica evidente o aprendizado das partes. Isso é muito real na vida prática, em que é fácil notar que, quando a educação de filhos é uma prática habitual dos pais, o aprendizado é diário, os filhos crescem em sabedoria e os pais crescem em novas descobertas e experiências, muitas vezes reaprendendo o verdadeiro sentido do amor que tudo perdoa. E você, já pensou qual foi a última coisa que aprendeu com seu filho?

- **O respeito como consequência** – A consequência da educação de filhos realizada aos moldes antigos, conforme demonstrado no trecho narrado por Lucas, é o respeito que ambas as partes, pais e filhos, constroem juntos, no dia a dia. Perceba que, mesmo sem estar escrito no texto, depois de toda didática narrada no trecho, ambas as partes ganharam em respeito, os pais respeitaram o filho e o filho respeitou os pais. Não houve agressão, menosprezo, castigo ou "ganhador". Também não houve gritaria, confronto ou cobranças. Aliás, o filho também poderia ter cobrado seus pais pelo esquecimento. Já pensou quantos filhos poderiam cobrar seus pais hoje por estarem esquecidos, mesmo próximos? É sabido que onde há um ganhador existe também um perdedor. José e Maria agiram como pais educando seu filho, com paciência, amor e autoridade. Simples assim. E você, já pensou como anda o respeito por seu filho e do seu filho por você?

- **A confiança de Deus em nós** – Todo pai e mãe precisam refletir sobre a questão da confiança de Deus em nós, pais. Eu acredito que os filhos, antes de serem dos pais, são, na verdade, de Deus, confiados aos pais para serem educados e ensinados, principalmente quanto a ter Fé em Deus e Temor a Deus. Eu acredito que a primeira coisa que precisamos aprender como pais é que os filhos que educamos não são "nossos", no sentido de posse, por essa razão, precisamos mostrar caminhos e respeitar o livre-arbítrio. Tendo a certeza de que um dia os filhos precisarão caminhar sozinhos, desde pequenos, precisamos prepará-los para esse momento. Os pais superprotetores ou supercontroladores podem não cumprir com a verdadeira função de ser pai e mãe. Fique atento! No texto de Lucas, percebemos que José e Maria não foram pais superprotetores ou supercontroladores, mas pais que trabalharam a liberdade, deixando o filho crescer como filho de Deus, cumprindo com o verdadeiro papel de pais, sem jamais perderem a autoridade. Isso traz inúmeros benefícios aos filhos, tanto que Lucas narra ao final do trecho: "E Jesus crescia em sabedoria, em estatura e graça, diante de Deus e dos homens". Pelo Processo de Educação de Filhos, ofertado por José e Maria, Jesus crescia em sabedoria e isso agradava a Deus, deixando o exemplo, o modelo, a todos nós, pais. E você, já pensou que os filhos não são "seus" no sentido de posse, mas que Deus os confia a você?

Em resumo, por ações simples e didáticas, José e Maria, no relato de Lucas, conseguiram trabalhar corretamente o Processo de Educação de Filhos, agradando a Deus e aos homens. E perceba que o comportamento virtuoso de José e Maria, dentro do Processo de Educação de Filhos, auxiliou na boa harmonia conjugal, fazendo-os viver um Santo Matrimônio, pelo respeito, pela confiança e pelo amor entre ambas as partes. O relacionamento conjugal poderia ter ficado arranhado com a situação vivida no trecho da vida com Jesus, no entanto, ficou ainda mais fortalecido quando viveram a virtude de buscar solução, sem reclamar um do outro e perseverar no caminho, sem apontar culpados pela situação de esquecer o filho.

Perceba que, muitas vezes, os pais modernos fazem tudo ao contrário, inclusive alguns ficam estagnados, reclamando e encontrando culpados, enquanto a situação continua sem solução. José e Maria optaram por buscar a solução e perseverar no caminho. Uma didática perfeita no Processo de Educação de Filhos. Isso ajudou a fortalecer a relação de esposo e esposa e de pais e filhos. José e Maria, os pais, saíram fortalecidos e respeitados.

Os 7 vícios de pais modernos e as 7 virtudes de pais tradicionais

O texto narrado por Lucas nos mostrou um conjunto de comportamentos didáticos de José e Maria, os pais, e isso me permitiu comparar alguns comportamentos de pais modernos, extraindo sete vícios deles e sete virtudes de pais tradicionais.

1. **Vício "reclamar de alguém" X virtude "buscar solução":** em vez de reclamar um do outro, lamentando-se do ocorrido, trazendo o peso dos afazeres diários como desculpas momentâneas, muitas vezes com palavras ofensivas, simplesmente iniciar, juntos, o processo pela busca de solução, como vamos refletir mais no capítulo "A retomada de atenção".

2. **Vício "achar culpado" X virtude "perseverar no caminho":** em vez de um apontar o dedo ao outro, dizendo que esqueceu o filho, que estava fazendo isso e aquilo, que devia ter conferido a presença do filho, que é culpado, simplesmente iniciar, juntos, o processo de perseverança no caminho da solução traçada, como vamos refletir mais no capítulo "A perseverança".

3. **Vício "apontar falhas" X virtude "valorizar os acertos":** vamos refletir mais sobre a importância de valorizar as qualidades, os dons e os talentos dos filhos no capítulo "A valorização do filho".

4. **Vício "julgar" X virtude "ser prudente":** vamos refletir mais sobre a importância de sermos pais prudentes, buscando conhecimento de causa, no capítulo "A paciência em primeiro lugar".

5. **Vício "condenar" X virtude "dar o perdão":** vamos refletir mais sobre a importância didática da prática do

perdão no Processo de Educação de Filhos no capítulo "O amor como centro".

6. **Vício "falar demais" X virtude "caminhar em frente"**: vamos refletir mais sobre a importância das atitudes como modelo e exemplo aos filhos nos capítulos "O filho na igreja", "A autoridade dos pais" e "A obediência dos filhos".

7. **Vício "ensinar sempre" X virtude "aprender sempre"**: vamos refletir mais sobre o quanto a educação de filhos proporciona aprendizado a ambas as partes no capítulo "O aprendizado das partes".

A didática vivida intensamente sobre o Processo de Educação de Filhos, no texto narrado por Lucas, além de aprendizado para José e Maria, os pais, e Jesus, o filho, ainda apresentou como consequência o respeito de ambas as partes, permitindo o verdadeiro cumprimento da missão dos pais para com Deus. Tudo isso vamos também refletir nos capítulos "O respeito como consequência" e a "Confiança de Deus em nós".

Estou muito feliz em podermos refletir sobre todos os temas acima mencionados. Então vamos começar. Chegou o momento de aprofundar nossos conhecimentos. Desejo uma boa leitura e uma excelente reflexão. Vamos lá!

1
A perda da atenção

As ofertas do mundo

As famílias estão cada vez menores e as casas estão cada vez maiores. Isso é consequência da chamada modernidade, tão almejada pelos pais em tempos atuais. No entanto, isso é preocupante, pois a busca desenfreada pelo ter, poder e prazer provoca a perda do estar, ser e viver.

Temos inúmeros pais que vivem, sem perceber, em busca das ofertas que o mundo coloca como ideal, fazendo parte do novo modelo de vida, da modernidade, dos tempos atuais, com as chamadas "necessidades" que sempre são ligadas pelo *marketing* da "felicidade" em ter, poder e prazer. O mundo capitalista mostra-nos que, para sermos felizes, precisamos fazer o que nos é pedido, como comprar o último modelo de micro-ondas, pois só esse deixa a pizza crocante, ou passear com o veículo de determinada marca, pois só esse veículo faz você ser poderoso, ou degustar o lanche de determinada marca, pois só esse lanche é que oferecerá o verdadeiro prazer para sua família. São felicidades momentâneas e passageiras que, muitas vezes, provocam perda de atenção. Eu conheço famílias e pessoas que buscam trocar de carro todo ano, mesmo já tendo um carro novo e moderno, que compram mais um par de sapatos, mesmo já tendo cerca de 40 pares, que compram uma jaqueta de couro na promoção, mesmo morando numa região muito quente, que lutam para comprar o lançamento de sofá, para colocar numa sala que ninguém utiliza, de tantos cômodos que a residência ganhou nos últimos anos, que sofrem, mas compram o último modelo de celular de determinada marca para cada vez mais ficar nas redes sociais, vendo e postando tanta coisa inútil, contribuindo para aumentar os afazeres diários, provocando cada vez mais a perda da atenção.

É comum encontrar uma família com um filho morando numa casa com três suítes, quatro banheiros e duas salas. É comum encontrar uma família com um filho e quatro carros na garagem. Precisamos ficar atentos a nossa função de pais e não nos escravizarmos pelo ter, poder e prazer. Precisamos ficar focados e preocupados com as pessoas com as quais convivemos e que amamos tanto. E não as deixar esquecidas, sem percebê-las.

Os filhos isolados

As atividades e tarefas do dia a dia, aquilo que chamo de afazeres, podem nos distanciar dos filhos, pois criamos tantas preocupações com metas profissionais, com serviços domésticos, com atividades diárias como academia, aula de inglês, roda de amigos, cuidar da beleza, acompanhar as redes sociais, participar de festas, assistir aos programas televisionados e outras coisas, que vamos nos escravizando em prol da modernidade, nos afogando de compromissos a ponto de não termos tempo para perceber os filhos, aproximar e conversar, se divertir com as brincadeiras deles, sorrir ao se esconder, jogar futebol juntos, montar a casinha da boneca ou até mesmo simples gestos de sentar numa mesa para uma refeição, sem tecnologia por perto, perguntando como foi na escola, quais os sonhos de cada um, as chateações. Não temos tempo para sermos amigos dos filhos.

Tudo que é importante ao filho deveria ser importante aos pais e, geralmente, não o é, pois falta tempo para as coisas importantes: o próprio filho. Isso é facilmente percebido quando uma criança quer arrumar um brinquedo e busca ajuda dos pais, ou quando quer trocar de canal na TV chamando a mãe, ou quando, num churrasco com amigos, pergunta: "pai, por que a cor do céu é azul?". É nessas horas que percebemos que aquilo que realmente é importante para os filhos nem sempre é importante para os pais. Os afazeres e as inúmeras atividades que consomem nosso dia diminuem nossa relação com filhos. E veja que os pais ainda dizem amar seus filhos e que os filhos são a coisa mais importante na vida deles. Imagine se fosse diferente. Não estou exagerando, só provocando uma reflexão dos pais, relatando um pouco das inúmeras frases e perguntas que escuto de filhos quando estou conversando sobre a relação pais e filhos, nas orientações espirituais que realizo dentro da igreja. A pergunta de um filho: "se sou importante ao meu pai, por que ele não tem tempo pra mim?", já escutei inúmeras vezes. Os filhos nas primeiras idades querem se aproximar dos pais, que muitas vezes não têm tempo.

Atualmente é comum encontrar filhos isolados dentro de uma casa, mesmo com a casa cheia de pessoas. Isso é muito triste, pois geralmente buscam fora o que não conseguem dentro. E aqui mora o perigo. Aprenderão com outras pessoas, com outros modelos, coisas que deveriam ser ensinadas pelos pais. E por falar em modelo, diz o dito popular: "filho de peixe, peixinho é". Isso demonstra a importância dos exemplos, dentro da casa, pelos próprios pais.

A falta de exemplo dentro da casa também provoca a cegueira do filho. Um ambiente onde os filhos convivem com o amor dos pais e com o testemunho da vivência dos valores e ensinamentos religiosos é mais propício para educar os filhos do que um ambiente desarmônico, sem vivência de bons valores, pois as palavras dão direção, mas é o exemplo que abre o caminho. E toda vez que a educação dos filhos não acontece dentro do lar, se dará por outras pessoas, por outros exemplos, fugindo das mãos dos pais o Processo de Educação de Filhos.

A melhor idade

As primeiras idades são fundamentais no Processo de Educação de Filhos e muitos pais adiam a educação dos filhos nos primeiros anos de vida, dizendo: "quando crescer, eu ensino" ou "é cedo para aprender isso". Entendo ser muito perigoso procrastinar. A experiência que tenho, como pai de três filhos e *coach* em liderança de filhos, me mostrou que a educação de filhos precisa ser iniciada logo nos primeiros anos de vida da criança, sendo necessário ser mais intensa e próxima até os seis, sete e oito anos, dependendo de cada criança, em que toda base disciplinar e muitos valores já estarão incorporados, abrindo a possibilidade de outros aprendizados ainda dentro do Processo de Educação de Filhos.

Comigo, isso tem gerado bons resultados, principalmente porque trabalho diversas coisas ao mesmo tempo como autoridade, disciplina, regras, hierarquia, obediência, todas sempre ofertando liberdade e escolhas de caminho. Assim, até os seis, sete e oito anos, pela ausência de grandes conhecimentos e experiências e pela facilidade de aceitar as opiniões dos pais, acabam assimilando com mais naturalidade, sem afetar a idolatria aos pais e a amizade necessária. Eu entendo ser a melhor idade para trabalhar no Processo de Educação de Filhos. Após nove e dez anos, costumo dizer que é fase da colheita, na qual ainda precisamos continuar a todo momento adubando e regando a árvore. A árvore sempre precisará de atenção para talvez gerar bons frutos. Usei a palavra "talvez" para deixar claro que os frutos não dependem dos pais, mas sempre dependerão das árvores, dos filhos.

Pela natureza, podemos perceber que, no início do crescimento da árvore, é tudo mais fácil para modelá-la. Ainda quando a árvore é pequena, com seu tronco fino e frágil, podemos direcioná-la com facilidade, amarrando-a numa estrutura firme. Assim, ela crescerá na direção correta; com o passar do tempo, mesmo sem a estrutura firme, ela estará forte para suportar as investidas contrárias. Diferentemente se deixarmos a pequena árvore crescer à vontade e, depois de adulta, tentar endireitá-la. Será mais difícil. Quase impossível ter êxito.

Assim, entendo que iniciar a educação dos filhos com as crianças é uma boa medida, pois facilitará para que cresçam na direção correta, sendo mais fácil o entendimento e a aceitação, melhor preparando-as para o futuro, já que não terão os pais eternamente. E muitos pais nessa fase permanecem sem a devida atenção.

Vale frisar que nessa idade, até os seis, sete e oito anos, há possibilidade de danos no Processo de Educação de Filhos, que podem acontecer principalmente quando falta conhecimento dos pais, que cometem excesso de disciplina e autoridade exagerada. Por esse motivo, é vital a busca de informações corretas, daquilo que é saudável perante as idades e o que não é recomendado. Alguns pais erram na dosagem do remédio. Fique atento! Isso não pode acontecer com seu filho. Os traumas existem e devem ser evitados.

Nos primeiros anos de vida, a criança depende dos pais para as necessidades básicas e também para a socialização. Nesse tempo, a criança vai conhecer o amor pelo afeto e carinho dos pais. Para educar os filhos, é necessário dedicação, empenho, foco e conhecimento. Por isso, os pais devem abolir o processo de reclamações, buscando implantar atitudes para encontrar soluções, como fez José e Maria, pais, no texto escrito por Lucas, que transcrevi no início deste livro. A reclamação transfere o peso aos ombros do filho; mesmo ainda criança, e ele poderá sentir falta de amor e culpa. Cuidado, isso não será bom para ele.

2
A retomada da atenção

Sabendo de tudo isso, precisamos ficar sempre atentos aos nossos filhos. E é na retomada de atenção que criamos o famoso Plano de Ação.

Assim como José e Maria, no texto narrado por Lucas no capítulo anterior, traçaram o plano de ação, voltando para Jerusalém para encontrar o filho, chegou o momento de você traçar o seu planejamento e existem algumas ações que podem ajudá-lo nesse processo de retomada de atenção aos filhos, como buscar novos conhecimentos, implantar regras padrões de disciplina, iniciar as tomadas de decisões em conjunto, melhorar a colaboração mútua no lar, aumentar o diálogo com os filhos, elevar o nível de paciência nas situações diversas e estar numa religião em busca sempre de Fé em Deus e de Temor a Deus. Vamos falar um pouco sobre cada uma das dicas a partir de agora.

Buscar novos conhecimentos

Buscar novos conhecimentos sobre educação de filhos deve ser um exercício reiterado, ou seja, um ato contínuo e frequente, pois cada filho é de um jeito e cada caso tem a própria história, portanto, não existe receita pronta do bolo para o Processo de Educação de Filhos. Por esse motivo, estar sempre se atualizando, mantendo os estudos sobre o tema, com o desejo de progredir no assunto é importante. Pais que educam seus filhos somente com aquilo que aprenderam, muitas vezes repetem os mesmos erros do passado. É preciso evoluir nesse tema tão relevante. E buscar novos conhecimentos nos ajuda na retomada da atenção aos filhos.

Implantar regras padrões de disciplina

As regras padrões equiparam as diferenças de idades e colocam todos os filhos no mesmo patamar. Se é regra padrão abaixar a tampa do vaso após utilizá-lo, independentemente da idade, todos têm que obedecer. Implantar regras padrões de disciplina é uma forma importante de estar sempre prestando atenção nos filhos como, por exemplo: estabelecer horário para as atividades rotineiras como brincar e estudar, ou estabelecer uma regra para todos almoçarem ou jantarem juntos sem aparelhos tecnológicos, ou estabelecer uma regra de convivência na qual em determinado dia e horário todos devem permanecer, juntos, em família. São apenas exemplos do quanto é importante criar as regras padrões; além de disciplinar os filhos, também disciplina os pais a sempre estarem conferindo e, assim, retomarem a atenção aos filhos.

Tomada de decisões em conjunto

Os pais devem tomar decisões em conjunto. Isso é fundamental para existir uma única linha de conduta no que tange à educação de filhos. Os filhos precisam aprender que a palavra do pai tem o mesmo peso da palavra da mãe e vice-versa. Por esse motivo, sempre que possível, as tomadas de decisões em conjunto facilitam no Processo de Educação de Filhos e fortalecem a harmonia conjugal. Ainda auxiliam diretamente na retomada da atenção, pois a cada situação existente precisam encontrar um tempo para conversar a respeito e tomar a devida decisão, focando, assim, atenção ao filho.

Colaboração mútua no lar

A colaboração mútua dentro da casa oferta o exemplo aos filhos, deixando claro que a casa é nossa, minha e sua, onde pai ajuda mãe e ambos ajudam filhos, como filhos ajudam pais. Isso provoca união, força e sentido de família. Ninguém é chefe de ninguém e todos ajudam todos. É como viviam as primeiras comunidades. Nada era de ninguém e tudo era de todos. É fundamental para demonstrar o amor mútuo. Que gostoso quando as atividades da casa envolvem todos! Enquanto um lava o banheiro; outro lava as roupas; outro faz o almoço. Isso é família. Isso é amor mútuo. Vale a pena dar atenção para a colaboração mútua. E toda vez que existe colaboração mútua, existe retomada de atenção ao filho.

Era uma quarta-feira, estava assistindo a um jogo de futebol na sala, minha esposa estava no quarto assistindo a um filme, minhas duas filhas estavam na sala fazendo um trabalho escolar. O meu filho menor passou por nós na sala e foi até a cozinha. Eu imaginava que estava comendo algo pelo barulho vindo da cozinha. Quando terminou o primeiro tempo do jogo, deparei-me com uma cozinha toda em ordem. O meu filho havia lavado a louça, enxugado e guardado tudo nos armários. Também tirou a toalha da mesa e estava tomando água com um guardanapo nos ombros. Comemoramos sua iniciativa, apenas uma criança e já havia incorporado o espírito de colaboração mútua, pois sem ninguém pedir ou mandar, simplesmente para ajudar, lavou a louça, claro que do jeitinho dele, mas valorizamos muito seu comportamento. Chamei minha esposa e contei o que havia acontecido. Ela também comemorou com ele esse momento de ajuda. Em família, todos comemoramos. Foi um grande aprendizado, pois todos ficamos na sala, com a televisão desligada, eu sem assistir ao tempo final do jogo, minha esposa sem terminar de assistir ao filme e minhas filhas terminando o trabalho, mas todos conversando em família. Percebe como a colaboração mútua tem um efeito de união e atenção? Claro que os filhos são diferentes uns dos outros e esse comportamento não virá de todos, mas, sem incentivo, pior ficará. A minha filha do meio já não é tão colaborativa, cumpre com suas obrigações, bate suas metas conosco e pronto. Ações como esta podem incentivá-la a ser mais colaborativa no futuro. Isso é família.

Diálogo com os filhos

Manter um bom e frequente diálogo com os filhos é muito importante, principalmente para trabalhar o respeito entre todos os membros da família. É conversando que nos conhecemos e nos entendemos. Não consigo ver um Processo de Educação de Filhos sem diálogo; tudo começa e termina com as conversas, do elogio à correção. Em todos os momentos e situações, o diálogo é sempre o mais indicado, até mesmo nos momentos mais tensos e naqueles de maior calmaria. Dialogar não é um falar e outro escutar, mas ambos construírem uma ideia, juntos, sobre educação de filhos. E, para dialogar, precisamos naturalmente retomar a atenção aos filhos.

Elevar o nível de paciência

Paciência sempre é bom e em todo momento. Elevar o nível de paciência nada mais é que sempre vivê-la, em todos os momentos. Muitos filhos erram sem saber que estão errados e ser prudente permite ações com conhecimento de causa, sem emoções e impulsos momentâneos. É muito importante os pais buscarem sempre a razão, respirando e agindo somente com a cabeça fresca. As ações instantâneas são sempre passíveis de erros, às vezes gravíssimos, de difícil correção, principalmente quando ocorrem agressões físicas e verbais. Calma, muita calma sempre para buscar a devida e necessária compreensão. Toda vez que tentamos utilizar paciência acabamos, naturalmente, retomando a atenção aos filhos.

Estar numa religião

Estar numa religião é mais importante e profundo do que apenas ter uma religião. Estar é a melhor forma de alimentar a alma, de buscar a Fé em Deus e conhecer o Temor a Deus. Frequentar e participar ativamente da igreja auxilia na construção da corresponsabilidade com as comunidades e integra nossa família a outras famílias. Auxilia na aquisição de valores que são ofertados naturalmente aos filhos, sempre muito positivos e importantes, como respeito, perdão, misericórdia, compaixão e outros; somente por estarem dentro de uma igreja, já conseguem absorver ensinamentos para suas vidas. Auxilia na atenção mútua, em que pai e filho, a todo o momento, aprendem a importância da atenção um no outro. Auxilia no cultivo do amor necessário, visto ser a base do relacionamento familiar. Auxilia a proporcionar bons exemplos, já que os filhos copiam as ações dos pais e, nesse quesito, cuidar da alma é tão importante quanto cuidar da boa alimentação. O filho aprende que não basta falar, é preciso viver. Auxilia na confiança entre pais e filhos, ambos aprenderão a se apoiar um no outro, dando segurança para ambas as partes.

Ofertar atenção aos filhos é uma tarefa sublime e o primeiro degrau para a missão chamada educação de filhos. É o início de uma aproximação que deve ser regada de afeto, carinho, equilíbrio, paz e amor entre as partes. Quando os pais voltam a atenção aos filhos, naturalmente se aproximam exigindo dos pais melhor exemplo e, dos filhos, maior obediência. Como já vimos na introdução, José e Maria, no texto narrado por Lucas, em vez de iniciar o processo de reclamação quando souberam que seu filho havia ficado para trás, implantaram o processo de encontrar a solução e isso fez total diferença, pois não perderam tempo com lamentações e reclamações um para o outro, mas focaram na solução do problema e obtiveram bom resultado. A retomada da atenção a um filho é um dos maiores atos de amor que um pai pode ofertar, já que, quando dá atenção ao filho, deixa de prestar atenção em si mesmo, doando-se por completo ao filho.

3
A perseverança

Retomada a devida atenção, e agora com um plano de ação em mãos, chegou o momento de perseverança; recorde-se de que os afazeres diários podem desviá-lo do caminho, inclusive provocar novamente a perda de atenção. Fique muito atento. Isso pode acontecer.

Como pai, posso dizer que, sem perseverança, desistimos no primeiro churrasco, no convite para o jogo de futebol, no compromisso profissional, nas rodas de amigos e outras atividades diárias que, muitas vezes, são mais gostosas e prazerosas do que prestar atenção nos filhos. As famosas frases "deixa pra lá" ou "depois eu vejo isso" são alavancas e só podem ser superadas pela perseverança no objetivo criado em conjunto.

Eu considero que a perseverança é mais importante do que a retomada de atenção; como a caminhada da educação de filhos é longa, sem perseverança, podemos mudar nossa rota e desviar-nos pelo caminho a qualquer momento. Aos pais, cabe o propósito de um ajudar o outro, na lembrança dessa missão. Educar os filhos é uma missão do casal.

Também é nessa fase que dois pontos importantes precisam ser transmitidos aos filhos, principalmente pelo exemplo dos próprios pais, que são:

A Fé em Deus

Depois de traçar o plano de ação é na fase da perseverança que os pais precisam ter Fé em Deus, pois é nela que a caminhada com destino certo se inicia. Quando algo der errado, a Fé em Deus é o que pode levantar uma pessoa, fazê-la permanecer no caminho, mesmo sendo difícil a caminhada.

Todos nós estamos sujeitos a cair pela estrada da vida, por diversas razões e situações, às vezes por problemas físicos ou emocionais, às vezes por questões financeiras ou familiares, enfim, sempre estamos sujeitos aos tropeços e quedas. Pais que têm Fé em Deus levantam-se mais rápido e melhor, ofertam o exemplo aos filhos e caminham melhor na estrada da vida.

Isso também acontece no Processo de Educação de Filhos, pois, em alguns momentos, os pais podem não atravessar bons tempos, por diversos motivos e razões, e pela Fé em Deus é que vão conseguir forças para levantar e continuar cada vez mais próximos a Ele.

É muito interessante que a Fé em Deus, vivida intensamente pelos pais, é transmitida aos filhos naturalmente. Eu atendo famílias em processo de orientação espiritual e, quando encontro pais com baixa Fé em Deus, também encontro filhos com baixa ou sem Fé em Deus. E isso é muito triste, pois qualquer pedra no caminho, mesmo as pequenas, já será motivo de tensão e aflição, deixando o caminho parecendo intransponível. A Fé é tão importante, que diversas vezes Jesus disse: "a tua fé te curou". A Fé em Deus auxilia no entendimento, aceitação e superação de problemas. Se quisermos o melhor aos filhos, temos que ser perseverantes no caminho, ter Fé em Deus e ainda ensiná-los a ter Fé em Deus.

Certa vez, estava numa palestra de casais e um deles me perguntou: como faço para ensinar a Fé em Deus ao meu filho? Uma boa pergunta. Na sala, havia um vaso com água e flores. Olhei para o vaso, tirei uma flor dele e perguntei para a sala toda. Como fazer para a flor sentir a água? A resposta foi unânime: "Só colocar a flor na água". Em seguida, fiz a pergunta: é mais fácil eu explicar para a flor qual a sensação da água ao tocar nela ou colocar a flor na água e deixar ela própria descobrir a sensação? A resposta novamente foi unânime: "colocar a flor na água e deixar ela descobrir a sensação". Voltei-me para o casal e perguntei: entenderam a resposta?

É isso, podemos até sentar com nosso filho e explicar sobre Fé, Deus e a importância da Fé em Deus, além de muitas outras coisas relacionadas ao tema. No entanto, é vivendo a Fé em Deus que nosso filho aprende, é mergulhando-o no vaso e o deixando sentir. Por isso, os pais viverem a Fé em Deus é importante.

Os filhos que devem contar o que é Fé em Deus e qual sua importância. Recordo-me do meu filho de cinco anos dizendo:

"pai, não sei amarrar o tênis e hoje na escola a professora vai pedir para todos amarrarem o tênis. Eu não quero ir na escola hoje, não sei amarrar o tênis". Eu perguntei ao meu filho: "você confia em Deus?". Ele me respondeu: "eu confio". Então disse: "vá à escola que Deus vai te ajudar". Mesmo com essas palavras, meu filho ainda não queria ir à escola. Com nossa autoridade de pais, ele foi à escola, sem saber amarrar o tênis. Ao buscar meu filho na escola, perguntei: "conseguiu amarrar o tênis?". Meu filho respondeu: "Deus me ajudou". Pronto, não perguntei mais nada e até hoje não sei o que houve na escola, pois ali o aprendizado mais importante estava sendo a Fé em Deus. O restante era só um detalhe. Ele estava seguro, confiante e feliz. Eu, como pai, fiquei tão feliz que fui até a padaria e comprei um pão de queijo ao meu filho, seu salgado preferido. Não fiz nada especial, não expliquei nada ao meu filho, somente o mergulhei no vaso de água (analogia ao exemplo mencionado). Ele viveu a Fé em Deus.

O Temor a Deus

Também nessa caminhada é preciso que os pais vivam o Temor a Deus para conseguir melhor transmitir aos filhos. Eu entendo que o Temor a Deus é uma das principais ferramentas para que os filhos não possam cair nas armadilhas que o mundo prepara. Uma criança temente a Deus vai pensar antes de maltratar a professora, de ofender um colega, de pegar algo que não é seu, até mesmo em fases avançadas de usar drogas, prostituir-se, entregar-se à libertinagem e outras coisas que o mundo oferece ou mostra como ideal.

Em Provérbios 15, Versículo 16, encontramos: "mais vale o pouco no Temor a Deus, do que grandes tesouros com inquietação". O Temor a Deus ajuda os filhos a praticarem boas ações com a intenção de agradar a Deus. Ajuda a viver de maneira correta, íntegra, honesta e sempre praticando o bem às pessoas e a si próprio. O filho que não teme a Deus tende a não temer os pais e não se preocupa com o futuro, vivendo momentos, o aqui e agora, na busca de prazeres mundanos que podem levá-lo à ruína, a tombos feios e às piores quedas da vida.

Em Salmos 111, Versículo 10, encontramos: "O princípio da sabedoria é o temor de Deus". Isso é muito verdadeiro, como toda palavra de Deus. Também fácil de ser entendido, quando pensamos que, longe dos pais, o Temor a Deus é a única coisa que pode impedir os filhos de caírem nas armadilhas do mundo; com temor, o filho será mais seletivo e pode encontrar forças para dizer "não", mesmo quando a correnteza estiver em seu desfavor.

E o mais interessante em toda minha experiência de vida é que o Temor a Deus é contagiante, ou seja, quando os pais vivem o temor verdadeiramente, os filhos aprendem a viver também, mesmo sem nunca terem conversado sobre o tema. Diferentemente quando professores de catequese, por exemplo, tentam explicar sobre o Temor a Deus aos seus alunos que não detêm exemplos em suas casas. É muito difícil conseguirem, pois as realidades se chocam e a dúvida provoca inércia de comportamento e descrédito das informações.

Imagine uma situação em que um professor de catequese fala sobre o mandamento "não furtar" e explica aos alunos que não podem pegar nada dos coleguinhas, no entanto, em casa, um dos alunos tem outro modelo, cujos pais já saíram da padaria sem pagar a conta, usaram o carro da empresa para assuntos particulares, pularam o muro do vizinho para pegar limão e outras coisas. Para essa criança, será difícil o entendimento, pois o modelo dos pais será mais forte que as palavras do professor.

Certo dia, estava ajudando na catequese das crianças, enquanto os pais assistiam a uma palestra. Uma das crianças pegou uma canetinha e colocou no bolso. No mesmo instante, chamei a criança isoladamente e, com muito jeito, perguntei: "por que guardou a canetinha no bolso?". Ela me respondeu: "vou levar embora". Eu disse: "não pode, ela não é sua, mas de todas as crianças e Deus não gosta disto". A criança me respondeu: "meu pai traz as canetas do serviço dele e Deus gosta dele". Nesse momento, deparei-me com a falta do Temor a Deus dos pais, contagiando o comportamento da criança. Claro que pedi para a criança devolver a caneta pontuando que isso não agradava a Deus. A criança devolveu e continuou a brincar. É fácil perceber que, por mais que eu tentasse explicar sobre o Temor a Deus para essa criança, o modelo dos pais estava instalado. Nada adiantaria naquele momento rápido, ela tinha um exemplo péssimo na própria casa, do seu principal ídolo, o pai, o qual detinha um comportamento de falta de Temor a Deus e nada acontecia aos olhos da criança. Possivelmente, eu teria muita dificuldade em transmitir a importância do Temor a Deus para aquela criança. Por esse motivo, é importante os pais, nessa fase de perseverança, de caminhada, terem Temor a Deus.

Assim, na caminhada do Processo de Educação de Filhos, é preciso muita perseverança no plano de ação, como tiveram José e Maria no texto narrado por Lucas, no início deste livro, e não desistiram do objetivo, mesmo perante as dificuldades. Também, nessa fase, os pais precisam viver a Fé em Deus e o Temor a Deus, para transmitirem o que chamo de maior herança que os pais podem deixar aos filhos. É nessa fase, quando algo der errado, que é melhor, em vez de buscar culpados, concentrar forças perseverando no caminho traçado, como grande missão.

4
A valorização do filho

Durante o Processo de Educação de Filhos, é de suma importância perceber as virtudes, qualidades, dons e habilidades dos nossos filhos, pois temos uma tendência de liderança em ver somente os supostos "defeitos", aqueles comportamentos que não nos agradam e sempre colocamos como tema principal, inclusive, às vezes, ficamos muito tempo falando das mesmas coisas e isso distancia os filhos dos pais.

Ser amigo do filho

Pense um pouco no comportamento do seu melhor amigo e aprenda com ele diversas coisas. Perceba que seu amigo consegue ver coisas boas em você e, sempre que pode, comenta: "como você é bonita", "como é esperta", "como é inteligente". Perceba que seu amigo também vê erros em seus comportamentos e chama a atenção, inclusive pega no seu pé para corrigi-los e você aceita bem as críticas, mais do que quando vinha dos seus pais. Perceba que seu amigo conforta quando sofre, ensina sem julgar ou condenar, e sempre encontra motivos para comemorar ou fazer um convite para coisas agradáveis. Realmente, os pais precisam aprender mais com os amigos.

Eu gosto de ser amigo dos meus filhos e isso não tira minha autoridade nem desvia meus filhos da disciplina. Sou pai e amigo. Não existe erro nenhum nisso. É mais fácil as crianças entenderem as duas relações do que os pais praticarem as duas relações. O problema está nos pais e não nos filhos. Quando necessário, conversamos. Quando necessário, corrigimos. Ser amigo dos filhos aproxima e, ao mesmo tempo, permite uma melhor visão do todo. Sei que é uma linha tênue que separa as duas figuras, mas essencial viver ambas, pois supre a necessidade de falar, desabafar e até de chorar de um filho. Seria bom se todos os filhos tivessem um ombro amigo para chorar chamado pai e mãe. Pessoas que verdadeiramente os amam, mais que qualquer amigo ou outra pessoa. Ser amigo do filho é uma das melhores formas de valorizar o próprio filho.

Ninguém é igual a ninguém

Outro ponto importante para os pais refletirem é que os filhos não são cópias dos pais, nem devem ser. Existem pais que cobram os filhos por não serem organizados, no entanto, cada pessoa tem os próprios dons e talentos, qualidades diferentes, e cobrar alguém para ser sua cópia está fora da medida real. Entenda melhor isso, eu conheço um pai de coração duro, difícil de perdoar, porém muito responsável, que sempre chega antes dos horários combinados. O filho dele, já é o oposto, sempre atrasa nos compromissos agendados, no entanto, tem o coração mole e dócil, perdoa a todos e, no mesmo momento, esquece rápido demais as agressões sofridas, por exemplo, dentro do trabalho. Ambos trabalham juntos. Pai e filho. Já imaginou exigir do filho as mesmas atitudes comportamentais do pai? Cada um tem as próprias qualidades, dons e talentos. Como pai, em vez de só olhar o defeito, muitas vezes se comparando, é mais prudente olhar e valorizar as qualidades. É sensato entender que seu filho é diferente de você e, ao perceber isso, vai conseguir valorizá-lo ainda mais. O filho não é cópia do pai ou da mãe. Ninguém é igual a ninguém.

O filho tem sonho próprio

Outro ponto falho dos pais, que dificulta a valorização do filho, é desejarem que o filho seja aquilo que eles não conseguiram ser. Tentam escolher profissão, time de futebol, ideais políticos, namorada e outras coisas. Isso é mais comum do que podemos imaginar. Isso frustra o filho e ofusca a devida valorização dele. Recentemente, conversando com uma família, identifiquei exatamente esse problema: o pai queria que o filho ingressasse numa faculdade de Veterinária e o filho queria aprender sobre Administração de Empresas. Foi fácil resolver. Eu disse ao pai: "quer ser médico veterinário? Volte a estudar, deixe sua oficina mecânica e realize seu sonho. Esse sonho é seu. Não é do seu filho". Precisei ser firme na resposta, para ajudá-lo a entender que o sonho de ser veterinário ou ter um filho veterinário era dele e não do filho. Ao filho, disse: "o seu pai tem um sonho. De ter um filho veterinário. O seu sonho é ser administrador. Seja feliz, siga seu sonho". Hoje ambos estão felizes. Se encontram, convivem e saboreiam momentos bons. Voltamos a conversar, e o pai entendeu a verdadeira função de ser pai. Valorizar aquilo que o filho tem de melhor. Incentivá-lo a ser feliz. Não o usar para ser aquilo que queria ser. Não o fazer ser algo para transformar seu sonho em realidade. Os filhos têm sonhos próprios e perceber isso, incentivando-os, é uma das boas formas de valorizá-los.

Por esse motivo, é importante ser amigo do filho, para conhecer as qualidades e virtudes dele, valorizando-as ao máximo. É muito chato estar investido somente da função de pais. Eu fico aqui escrevendo e pensando no relacionamento com meus filhos. Sou um pai presente na vida deles, mostro caminhos, oriento e disciplino. Muitas vezes, intervindo nas brigas dos irmãos; outras, criando e cobrando o cumprimento das regras. E somente ser pai não me traz plena alegria, muitas vezes nem aos meus próprios filhos. Agora, quando o amigo surge, tudo melhora, nos divertimos no chão da sala, na cama do quarto, fazemos guerra de travesseiro, brincamos de esconde-esconde, passa-anel, assistimos a filmes juntos, passeamos, conversamos, limpamos a casa, arrumamos o guarda-roupa e nos alegramos muito com inúmeras brincadeiras. Porém logo surge a figura do pai, coloca ordem, põe fim na brincadeira e distribui funções como guardar os brinquedos, tomar banho, jantar e outras. É uma mistura perfeita que proporciona, como amigo dos filhos, a partilha de bons momentos, estando sempre pronto para ajudar nas horas mais difíceis, a começar por guardar os brinquedos espalhados pela casa.

Assim eles percebem que, juntos, como família, somos mais fortes. E valorizar a boa amizade é fundamental para a boa convivência. Quando pergunto ao meu filho de cinco anos: o que somos, filho? Ele logo responde: "amigão". Isso é fundamental existir, pois facilita para ver as coisas boas dos nossos filhos. E são muitas. A melhor forma de valorizar as virtudes dos filhos é, como amigos, mencionando as qualidades deles e, como pais, fazendo as correções necessárias. Por exemplo, brincando de guerra de travesseiro, digo ao meu filho: "você é muito inteligente, então vou me esconder e quero ver se consegue me encontrar". Estou aqui valorizando a inteligência dele. Outro exemplo é no momento que estou corrigindo-o como pai, se em vez de guardar a roupa dobrada, ele a jogou de qualquer forma. Eu digo, como pai: "você é muito inteligente, mas errou ao guardar a roupa sem dobrar. Eu quero que dobre agora e, corretamente, a roupa". Nesse exemplo, como pai, é mais difícil as virtudes se fortalecerem, pois no seu íntimo a mensagem que ficará é a de correção. No entanto, é importante sempre valorizar a qualidade, pois no subconsciente ficará o "ser inteligente". Vale a pena sempre valorizar as qualidades, dons e talentos. Como amigos, quando valorizamos, mesmo brincando, como trouxe o exemplo anterior, será mais agradável, o filho sente verdadeiramente o reconhecimento. Como pais, mesmo valorizando os filhos, sempre ficará certa desconfiança.

Independentemente de estarmos investidos como pais e/ou amigos, é importante perceber e valorizar todas as qualidades, dons e talentos dos filhos. Também ter a consciência de que nosso filho não é igual a nós, e de que não veio ao mundo para ser aquilo que não conseguimos ser. José e Maria, no texto narrado por Lucas no início deste livro, não apontaram falhas, mas valorizaram os acertos. Jesus deixou todos maravilhados com a inteligência de suas respostas. E isso não foi ofuscado pelos pais, mas valorizado no momento do encontro.

5
A paciência em 1° lugar

Durante o Processo de Educação de Filhos, é de suma importância colocar a paciência sempre em primeiro lugar. Sem a paciência, não conseguiremos acompanhar nossos filhos, menos ainda direcioná-los. A paciência é a base da educação de filhos, somente por ela é que colocamos nosso filho como parte integral da nossa vida e não como agregado. Eu acredito que é a parte mais difícil da educação dos filhos. É exatamente nesse tópico que muitos pais se perdem, assumindo papel mais próximo de um juiz do que de um pai, no qual o diálogo e as posturas são frequentemente julgadores e condenatórios, muitas vezes totalmente insensatos.

A paciência gera prudência

Em Provérbios, Capítulo 13, Versículo 16, encontramos: "O homem prudente age com conhecimento de causa e o insensato ostenta sua loucura". A prudência ganha espaço quando a paciência surge em nossos corações, controlando impulsos e emoções. É pela paciência que vamos aumentar nossa prudência, nas diversas situações diárias, aumentando a capacidade de elaborar perguntas em momentos de tensão como: "por que fez isso?", "por que foi até esse local?" ou "por que mentiu?". Perguntar e entender os motivos de determinada ação é sempre mais importante que qualquer reação; afinal, permite melhores conclusões.

Certa vez minha filha, que hoje tem 14 anos, na época tinha cinco anos, tirou uma folha da minha agenda. Ao chegar a meu escritório de trabalho e abrir a agenda, percebi e fiquei furioso; na folha arrancada, havia meus compromissos do dia. Voltando para casa, no final da noite, e sendo paciente perante a situação, perguntei: "filha, por que você tirou uma folha da minha agenda?". Ela respondeu: "pra fazer um desenho de presente pra você, vou pegar". Ela me trouxe a folha toda riscada e colorida. Sem a paciência, talvez tivesse errado na dose do remédio. Imediatamente, disse a minha esposa: "eu nunca expliquei pra ela a importância da minha agenda e também não disse que não podia tirar folhas da agenda". A minha filha, na época com cinco anos, estava cheia das melhores intenções e repleta de amor no coração, esperando ser amada ao entregar o presente. Do outro lado, estava um pai furioso, pronto para aplicar um castigo, inconformado com a situação. Sem a paciência, não teria existido a prudência. E as minhas ações poderiam confundi-la a ponto de concluir que foi "punida por amar". Veja o quanto a paciência é importante. E o quanto é difícil tê-la. Nesse caso, optei por amá-la. Agradeci o presente e conversamos sobre a agenda, orientando-a, inclusive mostrando onde poderia pegar folhas quando desejasse novamente desenhar. Tudo foi resolvido da melhor forma possível.

José e Maria, no texto narrado por Lucas, no início deste livro, souberam ter paciência e ser prudentes. A primeira coisa que Maria, como mãe, fez ao encontrar seu filho foi perguntar: "Meu filho, por que você fez isso conosco?". Isso demonstra, aos moldes antigos, que precisamos ser prudentes para agir com conhecimento de causa. A paciência gera prudência, que gera sabedoria.

A paciência gera tempo

Outro ponto para refletirmos é que o tempo aparece à medida que os pais vão tendo mais paciência com os filhos. É pela paciência que vamos encontrar tempo, dentro de tantos afazeres cotidianos, para participar verdadeiramente da vida dos nossos filhos.

Vamos imaginar o comportamento de um professor, dentro de uma sala de aula, que precisa ensinar sua turma sobre o conteúdo da apostila de Matemática. O professor compartilha seus conhecimentos, parte a parte, de forma fracionada, construindo o saber dos alunos; perguntas surgem, dúvidas se instauram e a carinha de "não entendi" aparece. Nesse momento, ao perceber as dúvidas, o professor retoma o assunto já explanado, volta aos temas abordados, ensina tudo novamente, talvez com outros exemplos, desprendendo tempo até que todos os alunos da sala de aula entendam sobre o explicado. Aqui, faço uma pergunta: o professor, quando planejou aquela aula, imaginou que precisaria explicar sobre determinado assunto duas, três ou quatro vezes? Salvo algumas exceções, a resposta é "não"; no entanto, a paciência gerou o tempo. Eu conto isso para explicar que na relação pais e filhos acontece a mesma coisa. Assim como para o professor o conteúdo era simples e claro, para os pais, muitas vezes, também é, como explicar a um filho que é perigoso subir no banquinho para acender a luz. Para os pais, isso é conteúdo simples e claro, mas às vezes não é para os filhos.

O professor teve paciência, abriu tempo, retomou o assunto e ensinou todos os alunos. A paciência gera naturalmente tempo. Um professor sem paciência continuaria sua explicação não se importando com a assimilação dos alunos e isso poderia gerar problemas futuros. É simples entender, imagine alunos não assimilando sobre adição e subtração, iniciando o aprendizado sobre multiplicação e divisão. Isso também pode acontecer com pais com baixa ou nenhuma paciência.

No exemplo anterior, ficou fácil perceber que a paciência pode abrir tempo ao filho, como uma mãe, que, mesmo com muitos afazeres em sua casa, abaixa-se para ouvir seu filho sobre alguma demanda. A mãe só abriu tempo para escutar seu filho depois de cultivar a paciência. Isso faz diferença. Assim como um pai de filho adolescente que, mesmo sem gostar e entender do esporte vôlei, aceita o convite do filho para assistir a seu time jogar; chega ao local às 14h, mas o jogo só começa às 16h. Sem paciência, não teria tempo para participar da vida do filho e conhecer suas habilidades esportivas e amizades indiretas. A paciência gera tempo, que gera conhecimento.

A paciência na interferência social

Gostaria de mostrar três convívios sociais que geram grandes interferências no Processo de Educação de Filhos, aos quais os pais devem permanecer atentos, participando, indiretamente, com muita paciência. Os convívios a que me refiro são:

a) Os familiares

A família costuma ser o primeiro contato social dos filhos. E o que isso quer dizer? Isso significa a primeira interferência social no Processo de Educação de Filhos. Mas isso realmente acontece? Acontece. Os pais precisam ter paciência e estar atentos.

Já diz o dito popular: "pais educam e avós estragam". Os pais precisam entender que avós amam netos de corpo e alma, no entanto, não possuem a missão de educá-los, que é, por sua vez, missão exclusiva dos pais. Por essa razão, avós não se preocupam em corrigir os netos, menos ainda discipliná-los, ofertando mais liberdade até mesmo quando comparada com a educação que deram aos pais. Que delícia passar uma tarde na casa de avós! Lá não temos regras comportamentais nem obrigações com afazeres. E isso é sábio, avós precisam realmente amar seus netos. Assim como avós, também acontece de forma similar com outros personagens da família como tios, primos, irmãos, que curtem momentos especiais com os filhos e acabam interferindo bastante no Processo de Educação de Filhos.

Até aqui, sem novidade alguma. O mais importante é entender que a interferência social da família é válida e não pode ser cortada. Assim como precisamos entender que pais não podem terceirizar o Processo de Educação de Filhos para as avós, tios, primos, madrinhas, irmãos e outras pessoas. Compete aos pais a missão de educar os filhos e a convivência com familiares é uma ótima oportunidade para sociabilizar nossos filhos, dentro de padrões diferentes dos nossos e retorná-los naturalmente ao processo disciplinar estabelecido como padrão dentro das nossas casas.

Assim, a interferência externa precisa ser trabalhada, pois o mundo oferecerá às crianças, aos jovens, adolescentes e adultos, inúmeras propostas, boas e ruins. E, lá na frente, as escolhas serão dos filhos, sem a presença dos pais. Por isso, é importante e bom quando seu filho, ao voltar da casa de um familiar, lhe diga: "na casa da tia posso tudo e aqui não posso nada". Já ouviu essa frase? Se sim, que ótimo. É uma oportunidade.

O filho está apresentando aos pais uma ideia micro do mundo; oportunidade de trabalhar o Processo de Educação de Filhos. É necessário nesse momento de interferência social familiar entender as diferenças, estabelecer critérios racionais, argumentar com a criança e impor as regras. É exatamente esse modelo que os filhos encontraram no mundo. Eu me recordo de que, nas férias escolares, ia até a cidade de Bauru, na casa dos meus tios e primos passar as férias. E lá eu podia tudo. Soltava pipa a qualquer horário, almoçava quando quisesse, sem fome não jantava e ninguém exigia nada, podia dormir sem escovar os dentes e acordar em qualquer horário. Comia dois ou mais bifes nas refeições. Em minha casa, existia controle de tudo. Quando retornava das férias, voltava com a sensação de que lá tudo podia e que em casa nada podia. Voltava triste e com o desejo de morar na casa dos meus tios. Certa vez, uma das minhas irmãs me perguntou: "o que tanto pode lá que aqui não pode?". Eu contei sobre a comida e sobre os horários. A minha irmã me disse: "sobre os bifes, aqui não temos fartura e é, no máximo, um por pessoa. Se pegar outro, alguém ficará sem comer. Sobre os horários, é tudo necessário. Nas férias, não existem horários. Em tempo de escola, tem horário para almoçar, fazer lição, ir à escola e brincar, incluindo soltar pipa. A mamãe está certa em colocar horários". Mesmo sem concordar, ouvi a explicação da minha irmã e, com o passar do tempo, fui compreendendo a resposta dela. Hoje ainda me recordo da resposta da minha irmã. Minha mãe estava me educando para o mundo, onde existem prazos e regras a serem cumpridas, dificuldades em ter fartura de alimentos e tantas coisas semelhantes.

É importante deixar as interferências externas aparecerem nos primeiros anos de vida, justamente para exercer a função de pais, marcando o território e mostrando aos filhos que, dentro de casa, existem regras e precisam ser cumpridas. Isso ajuda os filhos de baixa idade a entenderem sobre autoridade e disciplina, preparando-os para a boa convivência no mundo. Os pais superprotetores, que blindam os filhos pequenos, distanciando a criança da grande família ou aqueles que reclamam dessas interferências ainda não entenderam a verdadeira missão dos pais no Processo de Educação de Filhos. Não existirá superproteção eterna nem ausência de interferência, até porque elas aparecerão numa bandeja toda enfeitada aos filhos, que precisam estar preparados para as escolhas futuras. E o momento de prepará-los é agora. Por isso, as interferências familiares são bem-vindas e os pais precisam cultivar a paciência para educar seus filhos.

Uma interferência externa de familiares que sofremos aconteceu com minha irmã. As nossas filhas não tinham celulares pessoais; quando necessário, usavam os nossos. A minha irmã mais velha trocou o celular dela e do esposo, dando de presente os dois celulares antigos as minhas duas filhas, uma na época tinha dez anos e outra sete anos. Elas não conviviam com essa tecnologia e, por não conhecerem, não fazia falta alguma. Brincavam aos moldes antigos e assistiam a desenhos e filmes pela televisão. E agora? Reclamar desse gesto de amor da minha irmã? Jamais. Foi uma oportunidade. Chegou o momento de os pais trabalharem o Processo de Educação de Filhos quanto à utilização de celulares.

Confesso que hoje uma das filhas com 17 anos e outra filha com 14 anos não ficam mais sem o celular. Criaram a dependência tecnológica. Inclusive substituindo a televisão pelo celular. O meu filho menor, com o exemplo das irmãs, pediu celular e demos normalmente. A nossa ideia jamais foi blindá-los ou privá-los da tecnologia celular. Só não ofertamos celular pessoal antes, pois nunca pediram. Viviam bem sem o aparelho celular. Depois que ganharam o aparelho celular, eu e minha esposa, como pais, começamos a mostrar caminhos, deixando a escolha de onde elas poderiam navegar. Jamais instalamos programas para bloquear as páginas que entram. Mostramos os caminhos e pronto. A escolha precisa ser dos filhos, sabendo que existem consequências. Hoje vemos juntos os celulares uns dos outros, emprestamos e trocamos, quando necessário. Quando não fazemos nada errado, não há motivos para esconder o celular. É um valor que criamos em família. A paciência é sempre uma importante aliada nas interferências familiares.

b) A escola

A escola costuma ser o segundo contato social dos filhos. Isso significa a segunda interferência social no Processo de Educação de Filhos. Mais uma vez, os pais precisam ter paciência e estar atentos.

É na escola que muita coisa acontece. Os pais precisam ajudar os filhos a pegarem gosto pelo estudo. Não dá para transferir a missão de educar os filhos aos professores. Essa é nossa missão. E ter paciência é fundamental.

Os nossos filhos, na escola, passam a conviver com outras 30 crianças em média na sala de aula, onde existe, muitas vezes, somente um professor que acaba não controlando todas as informações e comportamentos. Nem é sua função. No intervalo, nos corredores, na entrada e saída, nos trabalhos em grupo, e em diversos outros momentos, os filhos sofrerão interferências externas de outras famílias com valores diferentes e, às vezes, com caminhos perigosos. Por esse motivo, acompanhar os filhos é fundamental.

É necessário que os pais tenham presença na vida escolar do filho como, por exemplo, antes de ir e ao voltar da escola, conversar a respeito do dia, dar atenção, ver o caderno juntos, auxiliar sem fazer as lições de casa, manter contato com o professor, apoiar e solicitar a disciplina dentro da escola, ficar ao lado do professor quando seu filho for punido, elogiar quando se esforçar e mostrar interesse pelo que está aprendendo.

Outro ponto importante é evitar as comparações, tanto com outros alunos da escola, como com filhos de familiares e vizinhos. Também não é indicado comparar seu filho com você mesmo, quando era criança. Cada criança é de um jeito e todas devem ser respeitadas. Os pais devem participar das reuniões nas escolas e conversar com os filhos, ao retornar, sobre os assuntos abordados.

O exemplo dentro de casa pelos pais também é fundamental. Volte a estudar e ler algum livro ou algo parecido. Mostre ao seu filho que também está aprendendo. Ele vai se sentir importante e vai copiar o seu modelo. Se tiver dificuldades em estudar, pesquise receitas culinárias e o deixe participar. Pegue histórias infantis e faça a leitura para seu filho.

Tente estabelecer um horário regrado e combinado para as tarefas e lições de casa, bem como para os estudos complementares. Isso ajuda muito na disciplina dos filhos. Com o passar do tempo, seu filho estará acostumado com os horários e isso fará enorme diferença na vida acadêmica dele. Outra dica importante é criar o espaço-estudo dentro da casa, para evitar que, nos horários combinados, as lições e tarefas aconteçam em frente à TV, deitado na cama e em outros lugares que atrapalhem a concentração.

Sempre que falar da escola e de estudos, fale com alegria e naturalidade, sem demonstrar aversão ao tema, pois muitos pais não gostam de estudar e acabam transferindo isso aos filhos. O ambiente criado ajuda a despertar o desejo de estudar e os pais ajudam a criança a pegar gosto pela escola.

Evite contar em formato de vantagens suas artes de infância, aquelas histórias de pular o muro para ir embora da escola, matar aula para chupar sorvete, assustar as pessoas nos corredores, atirar papel amassado nos colegas de classe e outras coisas. Essas histórias não contribuem, não agregam nada à vida dos filhos. Eu já vi muitos pais errarem nesse aspecto.

O professor geralmente é o primeiro grande ídolo externo que a criança terá, será a referência fora de casa, por isso conhecê-lo nas reuniões de pais é sempre estratégico. Os filhos precisam aprender, com os pais, que respeitar o professor é uma regra que não pode ser quebrada. Certa vez, estava fazendo uma palestra sobre Educação de Filhos e uma mãe, no momento que discorria sobre o tema, me fez uma pergunta: "o meu filho voltou para casa dizendo que o professor não acredita em Deus. O que devo fazer?". Eu perguntei à mãe: "e você acredita em Deus?". A mãe me respondeu: "sim, claro." Então eu respondi, brincando: "conta pra ele isso urgente". Aquela mãe estava diante de uma grande oportunidade para ensinar seu filho sobre inúmeras coisas como diversidade de caminhos, escolhas, julgamentos, respeito e amor.

No momento imaginei uma criança confusa, em que valores, princípios e crenças estavam sendo confrontados por dois dos seus principais ídolos: pais e professor. Eu entendo ser esse um momento único, de grande crescimento do filho, no qual os pais devem apenas reforçar a crença de "acreditar em Deus" ao filho, agora falando, vivendo e, principalmente, provando. Esse é o caminho que entendo ser ideal. E aqui já vi muitos pais errarem, em vez de apenas reforçar a crença, iniciam um combate, como se o professor fosse inimigo, tecendo críticas severas ao mesmo e ainda tentando afastar o filho do professor, com argumentos de proteção. Um grande erro. A maior proteção não é tirá-lo do combate, mas deixar o filho aprender a usar o próprio escudo, pois a guerra continuará e, às vezes, longe de você.

Certa vez, minha filha adolescente, quando tinha 15 anos, veio da escola toda indignada, pois um dos seus professores havia dito em sala de aula: "eu não quero nenhum aluno em minhas aulas com crucifixo, nem em correntes nem brincos, pois isso é uma forma de discriminar quem não acredita em Deus". Recordo-me de que, no momento, apenas sorri. Minha filha perguntou: "o que faço? Eu sempre usei correntes com crucifixo e acredito em Deus". Eu perguntei a minha filha: "qual sua vontade? Usar ou não usar a corrente?". Ela respondeu: "usar, claro". Eu lhe disse: "então lute por aquilo que quer e acredita, use, simples assim. Enfrente o problema de frente". E assim ela fez, continuou a usar normalmente sua corrente. Em nenhum momento confrontei crenças, valores ou princípios. Apenas ajudei minha filha a reforçar aquilo em que ela acreditava. Em nenhum momento critiquei a pessoa do professor e/ou tentei afastar minha filha dele, indo até a escola reclamar da sua postura etc. Pelo contrário, a postura daquele professor estava me ajudando no Processo de Educação de Filhos, já que minha filha, além de reforçar a própria crença, ainda estava aprendendo a defender suas ideias e valores, mesmo contra a correnteza do momento. Foi uma grande oportunidade de aprendizado para minha filha. A paciência é sempre uma importante aliada nas interferências escolares.

c) Os amigos

Os amigos costumam ser o terceiro contato social dos filhos. Isso significa a terceira interferência social no Processo de Educação de Filhos. E aqui uma das mais influentes na mudança comportamental dos filhos. É preciso paciência e atenção.

Os pais que trabalham o Processo de Educação de Filhos, geralmente nessa fase dos amigos, já estão bem mais antenados e habituados com as interferências externas, já tendo vivido diversas situações importantes e reflexivas com os filhos, tanto aquelas vindas da interferência familiar quanto as escolares. Por sua vez, os filhos estão prontos para o entendimento e mais preparados para as próprias escolhas, com valores, princípios e crenças bem consolidados. Mesmo assim, as amizades arrastam os filhos aos mais diversos labirintos. Pior quando os pais, nessa etapa, ainda não iniciaram o trabalho com as interferências externas familiares e escolares, ou por superproteção, ou por supercontrolar, ou por jamais terem iniciado o Processo de Educação de Filhos. Nesses casos, os filhos estarão mais vulneráveis às coisas do mundo.

Mesmo com pais e filhos fortalecidos, a interferência dos amigos é agressiva e profunda, muitas vezes o medo de ser diferente ou o desejo de fazer parte do grupo pode provocar a quebra de valores, princípios e crenças, provocando a perda do caminho ideal. Os filhos até sabem que o caminho escolhido é ruim, mas optam pelo mesmo, simplesmente para não serem julgados pelos "amigos" como caretas, chatos, mimados ou outros títulos. Se isso acontece com adultos, imagine com adolescentes. Precisamos estar atentos e ter muita paciência nessa etapa. Aqui mais do que nunca, ser pai é importante, mas nada melhor do que ser amigo do filho.

Eu me recordo de um grupo de amigos que tinha o hábito de pular o muro da escola aos finais de semana para jogar futebol na quadra, mesmo sendo proibido. No entanto, de tanta insistência e para fazer parte do grupo de amigos, numa tarde de domingo, também pulei o muro para jogar bola. Ao chegar em casa, minha mãe perguntou onde havia passado a tarde. Eu contei. Além de tomar umas boas chineladas, ainda fiquei de castigo por uma semana. No dia seguinte, minha mãe me levou até a escola, direto na sala da diretoria, para eu contar que havia pulado o muro da escola. Foi muito constrangedor contar; depois, fiquei de castigo na escola. Na época, fiquei muito chateado com minha mãe, que soube, aliás como ninguém, trabalhar a interferência externa dos amigos. Uma semana de castigo e me distanciei daquele grupo naturalmente. Hoje vejo o quanto foi importante aquela atitude da minha mãe e da diretora.

Alguns podem dizer que pular o muro para jogar futebol não tem problema algum. No entanto, mais grave que o ato de pular o muro para jogar futebol é o ato de descumprir uma regra imposta. Aqui estava o problema. Uma criança que descumpre uma regra sem nenhuma consequência está aprendendo que pode burlar as regras, já que nada acontece. E no caso real exposto, eu aprendi que existem, sim, consequências. Daquele grupo, um deles faleceu num acidente na rodovia, outro se mantém em tratamento numa clínica de recuperação de dependência química, outro está preso por transportar veículos roubados e outro conseguiu constituir uma família de forma digna. Regras são regras e precisam ser obedecidas pelos filhos.

Estar atento às amizades dos filhos é fundamental. Eu utilizo algumas estratégias como fazer festinhas com amigos, combinar dos trabalhos escolares serem feitos em casa, trazer todos para um almoço e, aos poucos, vou me aproximando, ficando inclusive amigo dos amigos. Desse jeito, vou compreendendo os pensamentos, posturas e comportamentos. Até o momento tem surtido bons resultados, no entanto não tive surpresas negativas com meus filhos. As surpresas negativas eu vivenciei quando adolescente e sei exatamente o quanto as amizades influenciam em nossas vidas.

Uma situação de que me recordo aconteceu com minha filha que, na época tinha apenas 15 anos e me pediu para ir à balada de adolescentes, que na minha cidade acontece aos domingos, na parte da tarde. Ao retornar, por volta das 18h, em um bate-papo de amigos, me contou que uma menina, que não fazia parte do rol das suas grandes amizades, passou a balada toda beijando na boca inúmeros garotos. A princípio, na figura de amigo, somente escutei e minha filha nada mais disse sobre isso. Com o passar dos dias, em outro momento, retomei o assunto e perguntei o que ela achava daquele comportamento. Para minha surpresa, a resposta foi: "hoje todas as meninas estão fazendo isso. Não sei se é errado ou certo". Surpresa, pois minha filha estava confusa, visto que o mundo estava lhe apresentando um modelo como ideal, no entanto, pelos caminhos apresentados e vistos anteriormente, ela estava com dúvida. Conversamos bastante a respeito e levantei alguns bons questionamentos para reflexão: quais foram os ganhos em beijar tantos homens numa única tarde? O que ela queria provar fazendo isso? Quais foram as perdas? Qual o valor da dignidade da mulher? O que Deus diria disso? O que os homens dizem disso? Ela foi realmente feliz? O que vale mais: um momento de prazer ou um momento de amor? E diversos outros pontos. Ao final, sem minha conclusão, pois ali fazia um papel de amigo, a minha filha disse: "não vale a pena. Eu não quero isso pra mim". Foi um alívio escutar sua conclusão, afinal minha filha acabara de, verbalmente, escolher um bom caminho. A nossa conversa não garante bons resultados, apenas mostra caminhos, já que interferências de amigos ainda podem arrastá-la a outros caminhos. A paciência é sempre uma importante aliada nas interferências de amigos.

A paciência na interferência sexual

As quatro principais interferências externas na educação sexual dos filhos são:

1. **Interferência da mídia** - São as tendências lançadas aos filhos como "certas" ou "normais" vindas de novelas, programas de televisão e rádio, matérias de revistas e jornais, conteúdos de *Internet*, entre outras formas.

2. **Interferência de ambientes** - São as tendências lançadas nos ambientes aos quais nossos filhos frequentam como igreja, clube, escola, trabalho, prostíbulo, bares, salão de beleza, entre outros lugares.

3. **Interferência de amigos** - São as tendências lançadas pelas amizades de convivência dos nossos filhos que podem ser as diretas (aqueles que são amigos dos nossos filhos) e indiretas (aqueles que estão entre os amigos).

4. **Interferência de paixões** - São as tendências lançadas pelas fortes emoções e idolatrias que geralmente acontecem por intermédio de namorados, cantores, atores etc.

Já iniciei esse tema mostrando as principais interferências externas para deixar claro aos pais que, se os filhos não aprenderem dentro de casa sobre educação sexual, vão aprender fora dela e, às vezes, de forma errada. Percebeu isso? Então comece a trabalhar educação sexual imediatamente, pois as interferências externas são muitas.

A educação sexual dos filhos também precisa ser abordada com paciência e em todas as idades. A paciência é fundamental, pois o tema exige aproximação e franqueza.

Na primeira carta aos Tessalonicenses, Capítulo 4, Versículos 2 a 5, encontramos: "Vocês conhecem as instruções que lhes demos em nome do Senhor Jesus. A vontade de Deus é que vivam consagrados a Ele, que se afastem da libertinagem, que cada um saiba usar o próprio corpo na santidade e no respeito, sem deixar-se arrastar por paixões libidinosas, como os pagãos que não conhecem a Deus". Assim também precisamos instruir nossos filhos, e paciência é o primeiro passo.

A relação sexual foi criada por Deus e os pais não precisam ter medo para abordá-la, nem esconder dos filhos. A sexualidade é inerente ao ser humano, que utiliza todos os cinco sentidos para se relacionar com os outros. É um processo de encantamento, uma forma de nos relacionar, vivida a todo o momento no trabalho, na escola, no clube, em casa, na igreja e em diversos outros lugares. Não há razão para não conversarmos sobre esse tema. Pelo contrário, precisamos ensinar a nossos filhos.

Alguns pais evitam o assunto, pois dá trabalho explicar tantos detalhes e dúvidas que podem surgir. Aqui, a importância da paciência para ajudá-los. É melhor os filhos saberem sobre educação sexual pelos pais que os amam do que aprenderem pela televisão, com amigos, nas redes sociais etc. Os pais também podem acompanhar o desenvolvimento emocional e ir, aos poucos, trabalhando o tema na vida do filho.

É importante compreender que, quando perguntarem algo, é exatamente nesse momento que os pais devem oferecer as respostas. Alguns pais respondem: "é cedo para falarmos disso". O filho, na dúvida, vai buscar respostas em outros lugares. Também não recomendo inventar histórias do tipo "veio da cegonha". Dependendo da idade, muitos detalhes são dispensáveis, mas algumas respostas verdadeiras são importantes como: "veio da barriga da mamãe". A verdade vai gerando confiança das partes e isso ajuda na educação dos filhos.

A relação sexual criada por Deus não deve ser objeto de vulgarização nem de ocultação dos filhos, deve ser mostrada na medida certa, como um ato de amor entre o homem e a mulher que têm duas grandes finalidades: união do casal e procriação de filhos. A pureza não é sinônimo de ignorância, mas de informações precisas e não distorcidas.

Diante de tudo que abordei neste capítulo, concluo que, para gerar ainda mais prudência e tempo aos filhos, bem como para acompanhar as interferências externas sociais e sexuais, manter a paciência em primeiro lugar é de extrema importância. A prudência evita julgamentos antecipados e condenações injustas. No texto de Lucas, que narrei no início deste livro,

José e Maria, os pais, não julgaram Jesus, o filho, e muito menos condenaram, mas souberam ter paciência, gerando tempo e prudência. Um grande exemplo de que a paciência precisa estar em primeiro lugar.

6
O amor como centro

O amor precisa ser colocado como centro do Processo de Educação de Filhos. Corrigir um filho não é uma situação confortável e, às vezes, pode provocar dores nos pais. Eu estava com meu filho de cinco anos numa esfirraria e meu filho pediu uma esfirra doce, depois de comer a esfirra salgada. Comprei e comeu metade, deixando o resto no prato. Expliquei que estava errado, que alimento é sagrado e que muitas pessoas passam fome. Que poderia comprar quando realmente estivesse com fome ou vontade, mas deveria comer tudo. O meu filho ouviu atentamente, no entanto, ao chegar ao caixa pediu um chocolate. Claro que não comprei. Relembrei-o da esfirra doce pela metade deixada no prato. Meu filho saiu do local sem o chocolate. Isso não foi confortável, mas foi por amor. Foi necessário corrigir. Seria bem mais fácil comprar, mas o amor é o centro.

Em Efésios, Capítulo 6, Versículos 1 a 4, encontramos: "Filhos, obedeçam a seus pais no Senhor, pois isso é justo. Honre seu pai e sua mãe é o primeiro mandamento e vem acompanhado de uma promessa: para que você seja feliz e tenha vida longa sobre a terra.

Pais, não deem aos filhos motivos de revolta contra vocês, criem os filhos educando-os e corrigindo-os como quer o Senhor". Aqui percebemos que o respeito é devido a todos e os pais também devem respeitar os filhos. Fica claro que o amor é o centro de tudo.

O castigo

É preciso usar toda criatividade para evitar ao máximo os castigos; quando necessário, precisa ser com amor, de forma educativa, gerando aprendizado. Só assim o castigo passará a ter sentido.

É evidente que o castigo não deve ter um condão único punitivo, de apenas punir um erro cometido, mas sim de evitar erros análogos e auxiliar na criação de bons hábitos e comportamentos. O castigo deve ser sempre reflexivo, ou seja, o filho precisa entender o motivo do castigo, inclusive dizendo o que não pode fazer novamente e o que pode fazer, se as circunstâncias se repetirem. O castigo é mais eficiente quando acontece logo depois do ato faltoso, no entanto, em alguns casos, isso não é possível e exigirá maior diálogo.

Corrigir um filho é um ato de amor, no entanto, é preciso cuidado com os excessos para que o remédio não aconteça em doses maiores do que as necessárias. O castigo não pode, em nenhuma hipótese, humilhar, maltratar, impor medo, privações longas e outras formas exageradas. É preciso entender que o castigo não deve ter o condão de sofrimento, mas, sim, de aprendizado. Muitas vezes, uma boa reflexão vale mais que um castigo.

Formas de castigo

Como vimos, o castigo precisa ser educativo, na medida da idade da criança, sempre regado de um bom diálogo e reflexão. Conheça algumas formas de castigo a título exemplificativo:

a) Castigo ação e reação
É aquele no qual os pais avisam de um perigo leve e permitem que o filho passe pela experiência para aprender. Exemplo: os pais pedem para a criança colocar o tênis, pois no chão tem pedras que podem machucar levemente os pés. O filho não coloca e os pais permanecem em observação até a criança reclamar das pedras. Em seguida, é necessário existir uma reflexão.

b) Castigo forçar a agir
É aquele em que os pais acompanham a criança até ser realizado o pedido. Exemplo: os pais pedem para a criança tomar banho, mas ela não vai. Os pais acompanham a criança até o banheiro e permanecem no banheiro até a criança terminar o banho. Em seguida, é necessário existir uma reflexão.

c) Castigo preestabelecido
É aquele em que os pais avisam as regras com antecedência. Exemplo: se não estudar nos horários estabelecidos, não vai usar o celular no final de semana. Em seguida, é necessário existir uma reflexão.

d) Castigo alternativo

É aquele em que os pais verificaram uma regra descumprida e ofertam alternativa de castigo para o filho escolher. Exemplo: o filho chegou além do horário combinado. Os pais perguntam ao filho: o que prefere? Ficar sem sair no sábado ou sem ir ao clube no domingo? Em seguida, é necessário existir uma reflexão.

e) Castigo escolhido

É aquele em que os pais verificaram uma regra descumprida e perguntam ao filho o que poderá fazer para sanar a falha. Exemplo: o filho não foi à escola e os pais perguntam o que o filho poderá fazer para sanar a falha, o filho sugere repor as aulas no sábado e os pais concordam.

f) Castigo perda de recompensa

É aquele em que existe uma regra de recompensa por uma ou mais tarefas domésticas e a recompensa é retirada pela quebra de outra regra. Exemplo: os pais recompensam o filho que arruma a cozinha todos os dias com uma caixa de bombons semanal. O filho, ao quebrar outra regra, mesmo arrumando a cozinha todos os dias, naquela semana fica sem a caixa de bombons.

Existem outras formas de castigo, que dependerão da criatividade dos pais. O principal é entender que o castigo só é válido quando o filho aprende algo, quando serve para educar e ensinar, não pelo sofrimento, mas tendo o amor como centro.

O castigo e Deus

O amor precisa estar no centro da disciplina, para evitar que o castigo seja algo danoso no Processo de Educação de Filhos, tanto que me recordo de alguns ensinamentos de Jesus, sobre os quais vale a pena, juntos, refletirmos:

1. Em Mateus, capítulo 22, versículos 36 a 40, encontramos: "Mestre, qual é o maior mandamento da Lei?". Respondeu Jesus: "'Ame o Senhor, o seu Deus de todo o seu coração, de toda a sua alma e de todo o seu entendimento'. Este é o primeiro e maior mandamento. E o segundo é semelhante a ele: 'Ame o seu próximo como a si mesmo'. Desses dois mandamentos dependem toda a Lei e os Profetas".

2. Em João, capítulo 14, versículo 21, encontramos: "Quem tem os meus mandamentos e lhes obedece, esse é o que me ama. Aquele que me ama será amado por meu Pai, e eu também o amarei e me revelarei a ele".

3. Em João, capítulo 4, versículos 19 a 21, encontramos: "Nós amamos porque ele nos amou primeiro. Se alguém afirmar: 'Eu amo a Deus', mas odiar seu irmão, é mentiroso,

pois quem não ama seu irmão, a quem vê, não pode amar a Deus, a quem não vê. Ele nos deu este mandamento: Quem ama a Deus, ame também seu irmão".

4. Em Deuteronômio, capítulo 6, versículo 5, encontramos: "Ame o Senhor, o seu Deus, de todo o seu coração, de toda a sua alma e de todas as suas forças".

5. Em Mateus, capítulo 25, versículo 40, encontramos: "Então o Rei lhes responderá: Eu garanto a vocês: todas as vezes que vocês fizeram isso a um dos menores de meus irmãos, foi a mim que o fizeram".

É possível perceber nesses trechos que nossa responsabilidade com os filhos é enorme e está ligada diretamente a Deus. Toda nossa autoridade sobre os filhos não pode ser exagerada e não está solta aos ventos. Temos uma ligação com Deus muito grande.

Na primeira passagem citada, vemos exatamente os dois principais mandamentos da Lei de Deus, amar a Deus sobre todas as coisas e amar ao próximo como a si mesmo. Logo, podemos refletir: se devemos amar nossos filhos como a nós mesmos, será que alguns castigos severos aplicaríamos em nós mesmos? Como, por exemplo, ao entrar com os pés sujos na casa, será que bateríamos em nós mesmos com um tamanco? Ou quando pela manhã batêssemos o braço no copo de leite derrubando-o pela mesa, ficaríamos trancados numa sala sozinhos no escuro?

São reflexões importantes, pois alguns pais exageram e abusam da sua autoridade com os filhos, desferindo até castigos em falhas já aprendidas instantaneamente. Um exemplo disso: uma criança que acabou de comprar um chocolate, que tanto queria, ao jogar para cima, num gesto de brincadeira, derruba-o na sarjeta onde tem água acumulada e perde seu chocolate. Essa criança precisa de outro castigo? Será que já não existiu o arrependimento e o aprendizado? Será que uma boa reflexão não basta? É um exemplo análogo ao leite derramado. Só que, muitas vezes, uma criança que comete um erro como o do chocolate ainda tem castigos impostos, às vezes severos, só com condão punitivo e desnecessário no Processo de Educação de Filhos. Todos os castigos que vamos um dia aplicar aos nossos filhos devemos sempre pensar, além da questão educativa já abordada anteriormente, se fôssemos nós os errados, o que faríamos para nós mesmos? Aqui é um dos segredos para encontrar uma boa dosagem do remédio.

Na segunda passagem citada, Deus é claro a todos nós quando diz: "quem tem os meus mandamentos e lhes obedece, esse é o que me ama" e vemos na primeira passagem que o primeiro mandamento é: "ame o Senhor, o seu Deus de todo o seu coração". Aqui é outro ponto importante para refletirmos, pois os mandamentos de Deus existem e precisamos obedecê-los. E mais ainda, ao obedecer, é que provamos nosso amor a Deus. Nesse mesmo sentido, na quarta passagem, vimos que é necessário amar a Deus de todo o nosso coração, de toda a nossa alma e com todas as nossas forças e, na quinta passagem, vimos que tudo que fizestes aos menores é ao próprio Cristo que fizeste. É tudo muito sério. Como estamos nos relacionando com os nossos filhos? Se tudo que fizermos aos menores dos seus, fazemos ao próprio Jesus, todas as vezes que castigamos, todas as vezes que abraçamos, todas as vezes que perdoamos, todas as vezes que isolamos, todas as vezes que batemos, todas as vezes que abusamos, todas as vezes que sobrecarregamos, todas as vezes que ignoramos, todas as vezes que usamos, todas as vezes que desrespeitamos, é ao próprio Jesus que fazemos.

Perceba que tudo isso é muito sério. Perceba que educar um filho é mais profundo do que podemos imaginar. Se temos que amar a Deus e ainda amar com todas as nossas forças e, se tudo que fizermos aos nossos filhos, é ao próprio Jesus que estamos fazendo, precisamos prestar mais atenção na suposta autoridade que temos sobre eles.

É muito triste ver alguns pais castigarem seus filhos sem necessidade e/ou com rigor excessivo, com o sentimento de posse e, muitas vezes, se apoiando em passagens bíblicas sem entender o todo, dizendo em bom tom: "quem manda sou eu e pronto". Essa frase é correta, porém muitas vezes desnecessária. É preciso colocar o amor no centro da educação de filhos. É preciso pensar que tudo que fazemos aos filhos é ao próprio

Cristo que fazemos. E isso nos fortalece e nos auxilia a usar nossa autoridade de pai e mãe dentro de um equilíbrio educativo.

A terceira passagem nos traz outro ensinamento importante quando diz que, se alguém disser que ama a Deus, mas odeia o seu próprio irmão, é mentiroso. E ainda diz que quem não ama o irmão que vê, não pode amar a Deus que não vê. É uma passagem muito reflexiva no Processo de Educação de Filhos e nos ajuda a dosar o remédio quando algo sai do contexto e regras são quebradas. Não podemos ter ódio ou raiva dos nossos filhos. Se esse sentimento em algum momento desenfrear atitudes impulsivas da nossa parte, precisamos buscar o equilíbrio e, nesse caso, somos nós quem precisamos mudar. Sei que, em alguns momentos, perante alguma situação crítica, algumas reações são instantâneas e, às vezes, exageramos. Mas toda vez que isso acontecer é importante refletirmos e tentarmos mudar nossas reações substituindo a emoção pela razão.

Certa vez, estava próximo à esquina e meu filho que, na época tinha apenas três anos, disparou para atravessá-la sozinho. Foi um momento tenso e perigoso. De imediato, peguei-o com firmeza e, com voz alta, disse que não podia fazer isso, porém sem nenhuma explicação. Foi só um gesto impulsivo que trouxe baixo aprendizado. E isso precisa ser refletido. Nesse gesto, meu filho não aprendeu nada, vai repetir a situação; no máximo, aprendeu que, perto de mim, isso não pode ocorrer, porém, perto da mãe, das irmãs ou sozinho, poderá voltar a atravessar a rua da mesma forma. É preciso um pouco de sabedoria dos pais para se colocar na situação da criança e entender que certas correções não trazem tantos ensinamentos. Nesse caso, fizemos reunião com toda família e, mesmo com baixa maturidade, voltamos ao assunto diversas vezes, todos os membros da casa, cada um do seu jeito, explicando o motivo de não poder atravessar sozinho uma rua. Foi uma tentativa de elevar o aprendizado. No entanto, meu filho tentou repetir o gesto mais algumas vezes, mas aos poucos foi compreendendo. Hoje, com cinco anos, para na esquina e aguarda um adulto lhe dar a mão para atravessar a rua. Não houve agressões, não houve abuso de autoridade e, principalmente, trabalhamos a liberdade de escolha. Ninguém o segura, mas ele para e aguarda para atravessar a rua. É só um exemplo de que os castigos precisam ser regados de aprendizados e de que o amor deve ser o centro para cumprirmos com os mandamentos de Deus.

José e Maria, no texto narrado por Lucas, no início deste livro, substituíram a condenação de castigo pelo perdão, não cultivaram a raiva ou ódio, mas, sim, o amor. O amor cura, restabelece, provoca união e, principalmente, educa.

7
O filho na igreja

Em Efésios, Capítulo 6, Versículo 4, encontramos: "Pais, não deem aos filhos motivo de revolta contra vocês, criem os filhos educando-os e corrigindo-os como quer o Senhor". Nesse sentido, percebemos que aproximar nossos filhos da igreja é muito importante e isso exige paciência de nossa parte. Naturalmente, as crianças não gostam dos momentos sérios dos adultos e ir até a igreja pode não ser uma opção tão agradável, pois os pais exigem silêncio, postura, atenção e outras coisas. No entanto, temos o dever de levá-los.

Eu me recordo de que, com o nascimento da nossa primeira filha, eu e minha esposa revezávamos. Eu ia à missa na parte da manhã, sozinho, enquanto minha esposa ficava com nossa filha. Na parte da tarde, minha esposa ia à missa sozinha, enquanto eu ficava com nossa filha. Isso perdurou por dois anos. Certa vez, entrei na igreja e um amigo de caminhada, na época ministro da eucaristia, me perguntou: sozinho hoje? Cadê sua esposa e filha? Respondi ao meu amigo: "estão em casa". Meu amigo perguntou: "por que não vieram juntos?". Respondi: "não posso trazer minha filha, ela faz muito barulho e vai andar por toda missa, atrapalhar as pessoas e o padre". Meu amigo disse: "você não aprendeu nada mesmo. O lugar de criança é dentro da igreja. Sua filha precisa estar aqui para se acostumar. Quando pretende trazê-la? Talvez depois seja tarde. Aqui enquanto anda, caminha, ela vai ouvindo e aprendendo. Se alguém olhar feio, não se importe. Lugar de criança é dentro da igreja, com os pais". Agradeci o ensinamento e fiquei reflexivo. No outro final de semana, estávamos lá, a família toda.

Confesso que foi difícil no início, pois precisávamos levantar, pegá-la a todo o momento, pedir silêncio, distraí-la com algo, ela tinha vontade de sair da igreja, de ir ao banheiro, de beber água. Algumas pessoas olhavam feio, incomodava o próprio padre da época; fomos devagar enfrentando e nos adaptando. Já não sentava mais na frente, mas no último banco da igreja, perto da porta, para não incomodar e evitar chamar a atenção. Com o passar do tempo, deixamos de incomodar outras pessoas, nem mais atrapalhava o padre, aprendemos a levar algum brinquedinho como um ursinho, uma boneca, coisas sem exageros, já levamos água, uma bolacha, e tudo foi se assentando da melhor forma possível. Com o passar do tempo, acostumou-se e vieram outros dois filhos, que também se ambientaram dentro da igreja, do mesmo modo, foram acostumando. Um filho já fazia companhia ao outro. E os três estão crescendo na Fé e no Temor a Deus.

A nossa primeira filha quis ser coroinha; depois, acólita. A segunda filha quis ser coroinha e o terceiro já pediu para ser coroinha. Sempre escolheram seus caminhos. Todos foram se ambientando e se aproximando de Deus. No início, eu estava errado, preocupado mais com as pessoas do que com minha própria filha. E nossa missão como pais tem dois nomes: filhos e Deus. Aprendi com meu amigo.

Sei que algumas pessoas que frequentam as igrejas não detêm maturidade nem entendem a missão dos pais na Educação dos Filhos, por isso se incomodam ao ver crianças na igreja, tendo a sensação de que estão sendo atrapalhadas. Isso é normal e precisamos também compreender comportamentos dessa forma. Erram por falta de conhecimento. Assim como eu estava errando no início. Não cabe a nós julgarmos, mas compreendermos e perdoarmos a essas pessoas. A nós cabe a perseverança, mesmo diante das dificuldades de caras feias ou expressões fechadas. O nosso compromisso é com Deus e com nossos filhos. Vamos levá-los à igreja. É nossa missão.

Jesus quer as crianças na igreja

Em Marcos, Capítulo 10, Versículo 14, encontramos: "Quando Jesus viu isso, ficou indignado e lhes disse: Deixem vir a mim as crianças, não as impeçam, pois o Reino de Deus pertence aos que são semelhantes a elas". Eis aqui a razão de levarmos nossos filhos ao encontro de Jesus. O próprio Cristo pediu para deixarem as crianças irem até Ele. A nossa autoridade de pais não nos dá o direito de cercear nossos filhos do encontro com Jesus. Devemos sim levar nossos filhos à igreja. Assim como um dia, meu amigo abriu meus olhos para aquilo que é fundamental aos nossos filhos e a Deus, por meio deste livro, convido-o a levar seus filhos à igreja, aproximando-os de Jesus, aquele que é o caminho, a verdade e a vida, aquele que deu a própria vida por todos nós, aquele que um dia nos disse: "ninguém vai ao Pai, senão por mim". (João 14:6)

Os nossos filhos, dentro da igreja, conquistam bons laços de amizade e agregam bons valores, princípios e crenças para suas vidas. Ganham um modelo diferente do ofertado pelo mundo e aprendem sobre liberdade e escolhas. É uma experiência enriquecedora que não ganharão em outros grupos sociais, que pode ajudá-los nas escolhas futuras e que pode auxiliar os pais no Processo de Educação de Filhos.

É na igreja que nosso filho aprende sobre a palavra "ESTAR" que vai com o tempo substituir aquilo que o mundo coloca como armadilha, o "TER". É muito interessante o quanto isso é verdadeiro, e é triste saber que diversas pessoas que ainda buscam as igrejas se preocupam mais com o "TER", até mesmo dentro da igreja, do que com o "estar", que, por si, só basta. Os nossos filhos precisam apenas "estar" e isso depende somente de nós: os pais.

Deus quer as crianças na igreja

Em Miqueias, Capítulo 6, Versículo 8, encontramos: "Ó homem, já foi explicado o que é bom e o que Deus exige de você: praticar o direito, amar a misericórdia, caminhar humildemente com o seu Deus". Aqui, vemos a importância de andar com Deus e esse é mais um fundamento para nos motivar a levar nossos filhos até a igreja. É lá que aprenderá mais sobre a prática da justiça, ser fiel, amar a Deus e ao próximo e, principalmente, sobre a importância de andar humildemente com Deus. Também aprenderá a ter Fé em Deus e Temor a Deus. Fica claro nessa passagem bíblica que todos nós precisamos caminhar humildemente com Deus, inclusive as crianças. E estar na igreja é uma das melhores formas de caminhar com Deus. Você sabia que a igreja doméstica existe e que sua casa pode ser uma?

A família e a igreja doméstica

Educar os filhos na Fé e no Temor a Deus é um ato contínuo e requer muita atenção dos pais. Os filhos precisam aprender inúmeros valores, princípios e crenças que podem orientá-los no futuro, ajudá-los na construção de suas condutas morais; pela liberdade de escolha eles precisarão sozinhos discernir sobre caminhos, separando o joio do trigo, o bem do mal, sempre conscientes dos motivos das próprias escolhas.

Para tanto, é na família que a primeira catequese e/ou igreja doméstica precisa acontecer, desde os primeiros anos de vida. A catequese ofertada na igreja deve ser apenas complemento dos ensinamentos dos pais. E não o contrário. Uma criança aprende sobre o amor nos braços dos pais e irmãos. Os pais precisam amar e conhecer Deus para só depois apresentá-lo aos filhos. Ninguém consegue apresentar alguém que não conhece.

Você já parou para pensar que, pelos nossos atos, gestos e comportamentos, Deus pode estar dentro das nossas casas, com nossos filhos? Vamos refletir. Quando pensamos em Deus, logo pensamos em coisas boas como carinho, perdão, compreensão, felicidade, bondade, ternura, misericórdia, afeto e amor. E o mais interessante é que tudo isso é exatamente o que devemos transmitir aos nossos filhos; perceba que muitos pais conseguem. Isso demonstra claramente que, mesmo sem pensar, já estamos apresentando Deus em nossa casa, aos nossos filhos, formando a chamada igreja doméstica. As crianças vão aprendendo tudo isso na prática, pois prestam mais atenção no que fazemos do que no que falamos. Por isso, nosso exemplo dentro de casa é fundamental. A igreja, dessa forma, acaba também sendo complemento aos filhos.

No entanto, existem lares que não constituem uma igreja doméstica, nos quais ocorrem comportamentos opostos aos mencionados acima como, por exemplo, violência, abuso de autoridade, brigas, discussões, ausência de pais, abandono de filhos, excessos de castigos, entre outros. Nesses casos, levar os filhos à igreja não será complemento, mas será aprendizado, crescimento e fortalecimento.

Assim sendo, em ambos os casos, existindo ou não a chamada igreja doméstica, levar o filho até a igreja é fundamental para aproximá-lo de Jesus, deixando-o caminhar com Deus. Sempre que possível, com seus familiares, faça da sua casa uma igreja doméstica.

Deus apresentado como inimigo

O uso da escora errada acontece quando os pais, para conseguir disciplinar seus filhos, em vez de usar sua autoridade educativa, utilizam de ameaças envolvendo Deus e acabam, com isso, apresentando um Deus que castiga, que condena, que pune, que é vingativo, que é inimigo das crianças. Jamais faça isso.

Deus é amor e misericórdia. Sabe aquela ameaça de pai escorada em Deus: "não responde sua mãe que Deus vai te castigar", "se mentir, Deus vai te punir" ou "se faltar da escola, Deus não vai te dar mais o que pede". Cuidado com essas expressões, você está apresentando um Deus errado aos seus filhos. Ninguém ama quem só castiga, pune e condena. Os pais, ao utilizarem frases ameaçadoras em nome de Deus, estão, na verdade, distanciando os filhos de Deus. Se isso persistir, a criança está conhecendo um Deus que fica observando erros para castigar e, lá na frente, quando perceber que os pais estão mentindo e que Deus não castiga como os pais dizem, inicia quebras de regras sequenciais, perde o respeito aos pais e o próprio Temor a Deus. Os filhos podem começar a mentir, esconder e fazer o que é proibido. Os pais passam a viver o caos na educação dos filhos.

Precisamos apresentar aos filhos um Deus que vê nossas falhas e nos perdoa quando há arrependimento e disposição de não fazer novamente, que nos ama e está de braços abertos para nos receber, que caminha conosco nos carregando no colo, que não nos dá tudo que pedimos, mas nos dá tudo de que precisamos. Um Deus bondoso, amoroso e misericordioso. Um Deus amigo.

Certa vez, conversando com uma criança, ela me disse: "Deus é ruim". Fiquei assustado com fala dela e perguntei naturalmente: "o que ele lhe fez?". A criança respondeu: "ele me deixa de castigo". Perguntei: "quem te disse isso?". A criança respondeu: "ninguém, eu sei." Em seguida, perguntei: "e como sabe que foi Deus quem te colocou de castigo?". A criança respondeu: "a minha mãe quem falou". Pela resposta, entendi o contexto da situação, em que uma possível quebra de regra ocorreu e a mãe, possivelmente, se não for invenção da criança, utilizou o nome de Deus, talvez mencionando que Deus viu, para colocá-la de castigo. Perguntei à criança: "e qual foi o castigo?". Ela respondeu: "ele escondeu minha boneca". Nesse momento, precisava mostrar à criança, sem questionar a atitude ou confrontar o sistema de educação dos pais, que Deus é bom, não é ruim. Então perguntei à criança: "você sabe quem fez a boneca?". A criança disse: "não". Eu respondi: "foi através de Deus que alguém recebeu um dom e fez a boneca". Ela parou de brincar e ficou me olhando. Então perguntei em seguida: "se Deus deu algo para alguém fazer a boneca, Ele quis que a boneca fosse feita. Se Deus fez a boneca, a boneca que você tanto gosta, Deus é bom. Concorda?". Ela perguntou: "então por que ele escondeu a boneca?". Eu respondi: "o que fez de errado?". A criança me respondeu: "nada". Não consegui prosseguir minha reflexão com a criança, pois ela nem sabia do seu erro. A criança não se convenceu de que Deus é bom.

Estava diante de um castigo sem reflexão, ou seja, sem ensinamento, sem entendimento. Um castigo em que Deus foi usado de escora para um efeito só punitivo. Perceba o quanto é difícil quando um erro acontece no Processo de Educação de Filhos. O quanto pode ser ruim apresentar um Deus que castiga a uma criança. Não cometa esse grave erro na educação dos seus filhos.

Para concluir este capítulo, vamos recordar que José e Maria, no texto narrado por Lucas no início deste livro, não repreenderam Jesus por estar no Templo em Jerusalém; pelo contrário, aceitaram sem contestação. Ali ficou o modelo, as crianças precisam frequentar e participar da casa de Deus, afinal são primeiramente filhas de Deus.

8
A autoridade dos pais

Pela autoridade dos pais, os filhos aprendem a viver em sociedade, cuja estrutura é feita por leis e obrigações. É exercendo a autoridade que a criança aprende limites e percebe a existência de outras pessoas e coisas no mundo. Os filhos aprenderão que não estão sozinhos e que é necessário respeitar tudo e todos.

A hierarquia na família

A primeira coisa que precisamos refletir quando o assunto é autoridade dos pais é sobre a questão da hierarquia na família e da ordem lógica dos comandos, ou seja, pais detêm autoridade sobre filhos e filhos não detêm autoridade sobre os pais. Parece lógica essa ordem hierárquica, mas, em tempos modernos, é comum encontrarmos filhos exercendo autoridade sobre pais. É uma inversão perigosa.

Temos um casal de amigos com uma filha de nove anos de idade que, recentemente, nos ligou convidando para jantarmos em algum lugar. Depois de um agradável bate-papo ao telefone, combinamos o dia e perguntei onde gostariam de ir, me posicionando sem preferências, porém sugerindo um lugar agradável e familiar. Nesse momento, me surpreendi com a resposta do meu amigo. Ele disse: "então preciso ver com minha filha e te aviso". Foi automática minha indagação: "sua filha ou sua esposa?". Ele respondeu: "com minha filha". Sem entrar em grandes detalhes, encerramos a ligação. Não comentei nada com minha esposa do ocorrido, só disse que sairíamos juntos.

No dia seguinte, ele me ligou e disse: "minha filha não gostou do local e acha melhor irmos a uma pizzaria" – sugerindo o local. Eu respondi: "tudo bem, então vamos lá, mas me tira uma dúvida. Por que sua filha escolheu o local? É alguma data especial pra ela?". Ele respondeu: "não, é que, se escolher algum lugar que ela não gosta, ela não vai junto". Como tenho intimidade com meu amigo, entrei na questão sobre educação de filhos e lhe mostrei alguns caminhos.

No seu caso, como está lendo este livro e se aprofundando em questões vitais na educação de filhos, perceba que o exemplo do meu amigo nos trouxe uma família vivendo valores hierárquicos invertidos, a autoridade que deveria ser dos pais, no quesito escolha de lugar, estava de forma autocrata sendo exercida pela filha, de apenas nove anos. Um perigo enorme no Processo de Educação de Filhos.

Os filhos precisam saber que podem opinar e participar de tudo, no entanto não devem ter o "poder de decisão individual"; se alguém tiver esse poder, devem ser os pais. Isso é mais comum e perigoso do que podemos imaginar. As escolhas podem ser feitas em conjunto, sem ninguém utilizar de autoridade, fato que até defendo como ser ideal para o bom convívio. No entanto, quando uma pessoa só opina, sem respeitar o desejo das outras, e isso parte de uma filha de nove anos sob ameaça de não ir junto, temos, sim, um problema no quesito autoridade dos pais.

É fácil perceber que temos um problema, pois logo haverá "birras" ou "recusas", aquilo que chamamos de pequenas chantagens, para conquistar outros espaços e, aos poucos, isso vai minando a autoridade dos pais, a ponto de se inverterem os comandos dentro da família. É preciso muita atenção nisso. Se alguém tem que comandar, que sejam os pais.

As 12 regras de ouro na autoridade dos pais

A autoridade dos pais no Processo de Educação de Filhos precisa acontecer de forma harmônica entre pai e mãe, já que a relação comportamental de ambos, frente a uma situação envolvendo os filhos, influenciará diretamente, de forma positiva ou negativa, no aprendizado dos filhos. Dessa forma, quero ajudá-lo explanando doze regras de ouro.

1- Ambos devem usar a autoridade

A autoridade dos pais, quando o casal residir com os filhos dentro do mesmo lar, deverá ser exercida por ambas as partes com o mesmo poder de comando. O contrário geralmente acontece em duas hipóteses:

a. **Transferência do comando** - A transferência de comando se dá quando o pai ou a mãe transfere a própria autoridade à outra parte, enfraquecendo o Processo de Educação de Filhos. É fácil perceber isso, pois o tempo que o filho fica durante o dia com uma das partes será sempre menor se comparado com o tempo que fica com as duas partes. Exemplo: a mãe transfere o comando ao pai, porém o pai trabalha e só fica com os filhos durante a noite. E durante todo o dia? A educação dos filhos ficará enfraquecida.

Perceba que, no exemplo anterior, quando a mãe transfere o comando ao pai, durante o dia, inúmeras situações serão prolongadas e não resolvidas e isso prejudica muito no Processo de Educação de Filhos. Surgem frases do tipo: "quando seu pai chegar, você vai ver só", "à noite, vou pedir para seu pai conversar com você sobre seu comportamento", "seu pai falou que tem que estudar de manhã, você vai ver se não obedecer a ele" ou "tem que ver com seu pai". Por esse motivo, as duas partes, pai e mãe, precisam assumir o comando e usar sua autoridade.

b. **Centralização do comando** - A centralização do comando se dá quando pai ou mãe centraliza a autoridade para si próprio, provocando um enfraquecimento ainda maior no Processo de

Educação de Filhos; além da questão de tempo exemplificada anteriormente, ainda teremos a questão da quebra de hierarquia. Imagine uma mãe que, perto dos filhos e do próprio pai, diz em tom forte e firme: "quem manda aqui sou eu", "seu pai não manda nada" ou "seu pai não sabe nada, pergunta pra mim". O que passa pela cabeça de um filho que escuta isso da sua mãe? O filho pode concluir que o pai realmente não manda nada. E quando a mãe não estiver? O filho ficará sem comando. Toda vez que uma das partes centraliza o comando, naturalmente anula a autoridade da outra parte e, consequentemente, haverá um menor tempo, se comparado com o tempo dos dois juntos aos filhos, no Processo de Educação de Filhos, e ainda somado ao problema crítico na hierarquia, visto que, quando a parte que centralizar a autoridade não estiver presente, a outra parte sozinha não terá autoridade para comandar os filhos. Isso é muito grave e precisa ser evitado. Ambas as partes precisam fazer uso da sua autoridade, tornando o Processo de Educação de Filhos mais eficaz e eficiente.

2- Só usar autoridade quando necessário

A autoridade é uma ferramenta para ser usada no Processo de Educação de Filhos, que não precisa ser utilizada a todo tempo, mas só quando necessário, depois de esgotados todos os outros meios. É importante não queimar cartucho. Lembra que falamos sobre a valorização dos filhos e que, neste capítulo, comentei sobre a importância de ser amigo do filho? Viver mais tempo na figura do amigo é estratégico, pois os filhos gostam e faz bem ao relacionamento, aproximando-os de forma natural. No entanto, ao existirem regras quebradas, os pais devem usar de autoridade, comandando as situações, sem exageros e sempre na dose certa, tendo o amor como centro.

A autoridade geralmente exige alguma mudança comportamental e, por essa razão, será chata aos filhos, pois sugere mudanças que geram resistência. Imagine isso acontecer a todo o momento, sem trégua, com comandos intensos e duradouros. Seu filho vai permanecer resistente a você e isso vai provocar distanciamento no relacionamento. Muitos pais cometem esse erro no Processo de Educação de Filhos, principalmente aqueles que trabalham durante a semana toda e se mantêm distantes dos filhos e, justamente num domingo, por exemplo, quando estão juntos no primeiro dia da semana, é que passam boa parte do dia usando da autoridade para fazer com que os filhos cumpram ordens. Os filhos podem não gostar de passar os domingos com os pais e, ainda pior, podem, aos poucos, aprender que longe são mais felizes. Isso é muito real e perigoso.

Precisamos aprender a sermos amigos dos nossos filhos e, só quando realmente necessário, usarmos nossa autoridade de pais. Nos momentos de intensa amizade, quando estamos brincando com nossos filhos, de boneca sentados no chão ou de carrinho no quintal da casa, é que vamos verdadeiramente fazer a diferença na vida dos nossos filhos. Nesses momentos, nos igualamos, destituímos a figura de pais e viramos amigos, falamos das coisas deles, dos brinquedos deles e, ali, partilhamos afeto, alegria e amor. Nesses momentos, nos divertimos juntos, rolamos no chão, nos sujando, guerreamos com esguicho de água, batalhamos na guerra do travesseiro e tudo termina com abraços e beijos. É aqui que a figura dos pais fica realmente marcante e causa aproximação. O cansaço e as atividades diárias não justificam a ausência desses momentos. Nós, pais, também precisamos desses momentos, voltamos a ser crianças, a sorrir como criança, a pensar como crianças. Isso aproxima pais e filhos. É preciso participar sem usar autoridade. E quando usar a autoridade? Nos momentos pontuais como, por exemplo, quando quebrar uma regra estabelecida, quando tiver um comportamento perigoso a si mesmo, entre outras situações. Nesses casos, pontualmente, os pais usam sua autoridade para gerar aprendizado, voltando a conviver com o filho, sem o uso da autoridade.

Alguns pais utilizam a autoridade o tempo todo, como aqueles que são supercontroladores, que cercam e controlam seus filhos em tudo, sempre vestidos do uniforme de pai. Isso provoca distância e dificulta o amadurecimento dos filhos. Conheço um adolescente que detém pais supercontroladores e sempre agiram dessa forma. Todo supercontrole tem suas fragilidades e uma delas é a distância dos filhos. Aos poucos, o adolescente vai percebendo que, longe dos pais, dentro da escola, no clube, no trabalho, o "escondido" dá certo e que pode fazer que nada acontece. O adolescente, nesse Processo de Educação de Filhos, está aprendendo que mentir é uma grande vantagem e que as ameaças dos pais não têm eficácia quando estão longe, já que nem ficam sabendo. E o que isso ocasiona? Um filho com dois comportamentos: perto dos pais, uma pessoa; longe dos pais, outra.

O adolescente que conheço e que detém pais supercontroladores já aprendeu a mentir aos pais e já descobriu que longe não existem limites, pois o limite desse jovem está exatamente nos pais, que não podem estar todo o tempo com os filhos. Aqui mora o perigo de ser supercontrolador. Sozinho, esse adolescente corre perigo, pois não foi educado para lidar com a liberdade, menos ainda com a escolha de caminhos. Tanto que já me confidenciou alguns erros na escolha de caminhos, como experimentos de drogas com amigos de escola, uso excessivo de álcool, traição de namorada, uso escondido de veículo da empresa e perda de horário do serviço. Estou tentando ajudá-lo, mas está sendo difícil, pois, ao voltar para casa, depara-se com pais controladores, que usam autoridade a todo o momento, impondo inúmeros castigos invasivos, como tirar o celular do adolescente por chegar atrasado, sem reflexão nenhuma, provocando ainda mais rebeldia e distanciamento. É um caso muito difícil, pois o problema está nos pais, que não conseguem deixar de usar a autoridade.

3- Pensar antes de dizer "não" e "sim"

É preciso pensar muito antes de dizer "não" ou dizer "sim" para os filhos. Algumas respostas não precisam ser instantâneas e podem ser pensadas. O mais importante é que a decisão tomada não seja alterada por qualquer motivo. Em processo de liderança, não vejo problema algum em voltar atrás da decisão tomada para obter melhores resultados, no entanto, a partir do momento que os pais disserem "não" ou "sim", precisam sustentar a decisão.

E sabemos que, às vezes, as decisões nos machucam, mas precisamos nos manter firmes. Como negar a compra de um sorvete ou falar não pode subir nesse banco. A partir desse momento, o filho precisa ser obediente e os pais precisam usar da sua autoridade. Por esse motivo, recomendo pensar bem antes de dizer "não" ou "sim". Há pais que passam o dia todo dizendo "não" e o filho o dia todo não obedecendo e nada acontece. Esse processo de educação ensina aos filhos que os pais não têm autoridade e que nada vai acontecer ao descumprirem uma regra. Isso é muito perigoso. Portanto, após dizer "não", é preciso sustentar, acompanhar e, se for o caso, mostrar que a autoridade de comando é dos pais. Não adianta insistir ou fazer "birras" que o "não" prevalecerá e ponto final. É isso que os filhos precisam aprender, pois, quando entendem ainda pequenos, depois de grande tudo fica mais fácil.

4- Quando um decidir, comunicar o outro

Essa regra de ouro é de extrema importância para mostrar coerência no comando aos filhos, principalmente quando pai e mãe tomam decisões isoladas, criando regras, cobrando comportamentos ou impondo punição. Isso quer dizer que cada vez que um dos pais, pai ou mãe, usar da sua autoridade com o filho precisa comunicar imediatamente a outra parte, para evitar comandos diferentes sobre o mesmo assunto.

Os filhos percebem essa sintonia e os pais saem fortalecidos dentro do Processo de Educação de Filhos. A incoerência pode atrapalhar no aprendizado dos filhos, principalmente quando, por exemplo, o pai dá uma voz de comando e a mãe emite outra voz de comando. Nesse caso, o filho vai obedecer àquilo que for mais benéfico, sempre escorado na melhor decisão. Certa vez, minha filha me pediu para ir à casa de uma amiga e eu concordei, dizendo: "pode ir, mas volte até às 19h, que vamos sair hoje". No entanto, não comuniquei minha esposa. Um erro da minha parte. A minha esposa, sem saber do meu comando de horário e sabendo que iríamos sair, por volta das 18h, mandou uma mensagem para minha filha pedindo para ela voltar às 21h, pois estávamos indo à missa, às 19h30. Minha filha obedeceu ao comando mais favorável, ou seja, voltar às 21h. Quando eram 19h10, liguei para minha filha e perguntei o que havia acontecido. Simplesmente ela me disse: "nada, a mãe me mandou voltar às 21h, achei que haviam conversado. Por quê?". Foi quando percebi minha falha nessa regra tão importante. É claro que minha filha não disse nada sobre meu primeiro comando, inclusive não entrou em contato comigo para confirmar, afinal voltar às 21h era mais benéfico. É exatamente isso que não pode ocorrer. Por esse motivo, é importante quando uma das partes, ao tomar alguma decisão de autoridade no Processo de Educação de Filhos, comunique imediatamente a outra parte.

5- Quando um fala, o outro sustenta
Quando a mãe diz "não", o pai deve também dizer "não". É o princípio do "estamos juntos". Os filhos são muito hábeis para descobrir de quem virá o tão esperado "sim" e é exatamente nessa pessoa, pai ou mãe, que o filho vai buscar sua resposta positiva.

Nesse caso, se a resposta foi "sim", a outra parte não pode quebrar a autoridade dizendo "não". Isso estaria mostrando fragilidade no comando. O filho precisa entender que ambos mandam e ambos têm autoridade. E os pais precisam colaborar para isso acontecer. É uma regra de ouro no Processo de Educação de Filhos.

Certa vez, a minha filha adolescente queria ir dormir na casa de uma amiga e minha esposa disse "não". A minha filha correu falar comigo, se justificou e pediu para eu deixar. Eu perguntei o que a mãe dela havia dito e ela me respondeu que disse "não". No mesmo momento, eu respondi: "se sua mãe disse não, eu também digo não". Minha filha disse: "pais, mas...". Eu interrompi e disse com firmeza: "não é não e pronto". Em seguida, fui conversar isoladamente com minha esposa, sem minha filha saber e entender o motivo da sua resposta negativa. A minha filha havia insistido numa resposta imediata e minha esposa havia se irritado e disse não. Conversando com minha esposa, argumentei dizendo que poderia ser mais flexível naquele momento, pois a minha filha estudou e trabalhou corretamente durante a semana, além de cumprir com todas as obrigações em casa. Concordei que não poderia ter exigido uma resposta imediata, mas que poderia haver uma boa reflexão juntas, depois liberá-la para ser feliz com suas amigas. A minha esposa concordou, chamou minha filha isoladamente, fizeram uma reflexão do ocorrido, ofertou algumas condições e permitiu a ida dela. Tudo resolvido sem minha interferência, sem eu como pai quebrar a autoridade da mãe. A minha filha nem ficou sabendo da nossa conversa.

É isso. Os pais precisam estar sintonizados sempre na mesma resposta. Assim, os filhos percebem que há sintonia na autoridade, que ambos comandam e isso fortalece o Processo de Educação de Filhos.

6- Só quebra a regra quem as criou

Se a mãe criou uma regra, só a mãe pode quebrar a regra criada. Se o pai disse "não", só o pai pode dizer "sim". É o princípio da força do comando. A mãe não pode quebrar as regras impostas pelo pai e o pai não pode quebrar as regras impostas pela mãe. Isso é uma regra básica de muita importância e mostra força e harmonia do casal no Processo de Educação de Filhos.

Os filhos vão aprendendo que, a partir do momento que perguntarem algo para o pai ou a mãe, é com a mesma pessoa que precisam conversar a respeito do assunto, caso tentem reverter a resposta. Aos poucos, essa regra vai eliminando o comportamento dos filhos de iniciar a demanda com um dos pais e terminar com o outro, por ser mais favorável.

A referida sintonia também ajuda na harmonia conjugal, ao não precisar debater um assunto na frente do filho; se um já tomou a decisão, cabe ao outro apenas validar, sem transformar a decisão. Outro ponto importante dessa regra é que algumas regras comportamentais estabelecidas, ao serem descumpridas pelos filhos, geram algumas punições; também nesse aspecto ajuda se a mãe disser não vai sair hoje, pois não arrumou a cozinha conforme estabelecido, o pai precisa validar a decisão da mãe e não a contestar, afinal só quebra a regra quem as criou. Isso vale ouro no Processo de Educação de Filhos.

7- Respeitar o nível de maturidade dos filhos
É importante perceber qual o nível de maturidade dos filhos e respeitá-lo, evitando excessos de exigências e de responsabilidades. Assim sendo, não podemos partilhar uma responsabili-

dade de lavar louças exigindo bons resultados com um filho de apenas cinco anos. É preciso muita atenção nisso. No entanto, não aconselho deixar um filho de cinco anos sem nenhuma responsabilidade, alegando ser muito pequeno para fazer algo. Ambas as situações são erros no Processo de Educação de Filhos.

Vamos pensar num filho de cinco anos: ele pode assumir pequenas responsabilidades, conforme sua maturidade: pode ser responsável por guardar os brinquedos depois de brincar, fechar uma pasta de dente aberta, apagar a luz ao sair de um ambiente, dar descarga ao usar o vaso sanitário, não deixar suas roupas jogadas pela casa, não atirar lixo fora da lixeira e muitas outras coisas. É nas pequenas responsabilidades que os pais mostram sua autoridade, de forma saudável e os filhos aprendem sobre inúmeras regras de convívio. A disciplina começa cedo.

Assim sendo, a autoridade dos pais deve acontecer sempre na dose certa, é necessário que os pais entendam a idade e maturidade dos filhos para somente depois partilhar as responsabilidades, sem exageros. Jamais esquecer que os filhos precisam ser crianças, brincar e se divertir; inclusive os pais podem participar, porém também devem ter pequenos momentos de aprendizado com partilha de responsabilidades.

8- Sempre ofertar os motivos

A autoridade dentro do Processo de Educação de Filhos deve ser empregada para provocar aprendizado. Sem o aprendizado, não falamos de educação de filhos. E para existir o aprendizado, é necessário sempre existir motivos para as regras impostas e/ou exigências solicitadas. Eu digo sempre e vou além, independentemente da idade, mesmo que falte maturidade para o entendimento, é necessário lançar as informações até como exercício para os próprios pais.

Quando falamos de autoridade, isso é necessário. Imagine uma criança de três anos, que joga na rua um papel de bala. Como pai, é importante dizer ao filho: "pegue o papel do chão e não jogue mais", porém faltou motivo. A criança precisa ouvir os motivos para, aos poucos, aprender valores, princípios e crenças. Para ir se conscientizando. Salvo contrário, na frente dos pais a criança não jogará o papel de bala na rua, mas longe dos pais isso poderá acontecer. Sobrou atitude e faltaram motivos.

Os motivos, aos poucos, mesmo sem maturidade para entendimento, vão sendo assimilados e o aprendizado vai ocorrendo. Tão importante quanto pegar o papel de volta atirado ao chão, são os motivos aos quais o papel não deve ser atirado ao chão. Nesse caso, como falamos de uma criança de três anos, ofertar motivos é importante, mesmo que não entenda quando falar de preservação do meio ambiente ou regras de convívio social. Do seu jeito, oferte os motivos e, aos poucos, a educação de filhos vai acontecendo.

Ser pai e mãe exige conhecimento e sabedoria, e usar a autoridade por usar é muito perigoso. Eu conheço pais que abusam da autoridade e que, simplesmente, comandam seus filhos com ordens, gritos, castigos e imposições. E, por incrível que pareça, os filhos estão sempre descumprindo regras. Por que isso acontece? Porque não está havendo aprendizado. É só autoridade e ponto final. Isso não contribui no Processo de Educação de Filhos.

Os pais não devem usar sua autoridade sem apresentar motivos como, por exemplo, dizer: "não vai comer bombom agora e pronto", "não vai brincar mais porque eu estou mandando" ou "desliga a televisão e vai dormir". A criança não entende por qual razão deve cumprir e não gera aprendizado.

Alguns exemplos de motivos ofertados: "não vai comer bombom agora, pois vamos almoçar e vai atrapalhar seu almoço". Assim existe uma mensagem de aprendizado, ou seja, primeiro o almoço e, depois, os doces. A criança aos poucos, mesmo não concordando no momento, vai obedecer e aprenderá com a mensagem. Outro exemplo: "não vai brincar mais porque vai à escola e precisa tomar banho e arrumar suas coisas". Assim, existe uma mensagem de aprendizado, ou seja, para ir à escola, precisa se preparar e precisa de um tempo para isso. Perceba que os motivos auxiliam no processo de ensinamento e favorecem para a conscientização; no futuro, diversos comportamentos vão acontecer na sua frente, também quando não estiver presente. Assim, a autoridade passa a ter sentido educativo.

Em alguns momentos, os motivos precisarão ser conversados posteriormente, como na situação do filho que, na festa de aniversário da prima, sobe em cima da mesa, os pais ao verem ou serem avisados, usam da autoridade simplesmente para retirar o filho de cima da mesa, sem grandes explicações. Sendo possível, os motivos são ali passados, mas não sendo possível, reserva-se esse motivo para em casa um bom bate-papo sobre o assunto. Isso é normal acontecer em diversas situações, principalmente quando estamos em público, às vezes explicar no momento causa mais constrangimento. Nessas situações, eu costumo dizer: "em casa, conversamos". Ao chegar à casa, em algum momento, vamos conversar a respeito para que o processo de aprendizagem aconteça. Ainda assim, os motivos precisam ser explanados. Perceba que os motivos fazem parte da vida dos pais que desejam trabalhar o Processo correto de Educação de Filhos.

9- Usar tom de voz baixo e firme

Os pais que utilizam voz alta ou grito tentam impor-se pelo autoritarismo, que pode gerar mais ódio do que amor, que distancia mais do que aproxima, que provoca mais medo do que respeito. Usar a autoridade é muito diferente.

A firmeza na decisão dos pais não está na tonalidade alta da voz, mas na capacidade de transmissão da decisão tomada aos filhos. Eu sempre aconselho os pais dizendo: "um bom comando deve acontecer com voz baixa". Isso facilita o entendimento dos filhos. Aos poucos, eles vão percebendo que pais mandam e filhos obedecem. Essa é a ordem natural e necessária no Processo de Educação de Filhos. Nada adianta gritaria e violência. Atrapalha mais do que ajuda.

Com meus filhos, quando dou um comando dentro de um supermercado, de uma festa de aniversário, em minha casa, na igreja ou em qualquer outro lugar, falo baixo e com firmeza. Simples assim. Aos poucos, condicionamos os filhos ao respeito e não ao medo. Se digo baixinho: "devolve o brinquedo que não é seu e já sabe que não podemos pegar algo que não é nosso. Devolve agora". Pronto, não precisa gritaria ou violência. Baixinho usei minha autoridade como pai e ainda ofertei aprendizado quando disse que não podemos pegar algo que não é nosso. Vocês vão perceber o quanto funciona falar baixo, muito mais eficiente que gritar e mais educativo. Autoridade é respeito e, para ser respeitado, precisamos respeitar nossos filhos.

10- Exercer autoridade em todos os lugares

A autoridade dos pais deve ser exercida em todos os lugares e não somente em casa. Independentemente do local onde seu filho estiver, como dentro de um supermercado, no consultório médico, na festa de aniversário, na casa de um amigo, na padaria ou outro, precisará exercer sua autoridade quando seu filho apresentar comportamento impróprio ou quebrar alguma regra estabelecida.

Alguns pais erram nesse sentido e talvez, por timidez ou vergonha de outras pessoas, em determinados locais públicos, não corrigem seus filhos que, aos poucos, vão aprendendo que nesses locais podem abusar, visto que seus pais não se manifestam. As crianças são muito espertas, mais do que podemos imaginar, e reagem conforme as facilidades.

Os pais precisam, desde as primeiras idades, usar da sua autoridade em locais públicos, mesmo que cause vergonha e, às vezes, constrangimento ao corrigir um filho na praça da cidade, dentro de um estabelecimento comercial ou na casa de amigos, pois a criança vai aprendendo que, independentemente do local, seus pais exigirão comportamentos compatíveis e manutenção de regras.

Interessante refletirmos que, até agora, estou relatando timidez, vergonha e constrangimento dos pais, mas e os filhos? Os filhos, quando crianças de primeira idade, não possuem muita vergonha, pouco se importando em receber uma chamada de atenção perto das pessoas. E aqui reside um segredo importante. Com o passar da idade, os filhos começam a se importar e ter vergonha de ter sua atenção sendo chamada perto de outras pessoas. Bingo. Entendeu? Por essa razão, é importante que, desde as primeiras idades, os pais exerçam sua autoridade em todos os lugares, sendo atuantes em locais públicos, e não somente dentro de casa, na correção dos filhos, a mensagem para a criança vai sendo passada de que, independentemente do local, seus pais irão corrigi-la. Assim, com o passar da idade, basta um olhar ou uma palavra e a mudança comportamental acontecerá. Era assim antigamente.

Outro ponto interessante para refletirmos é que, muitas vezes, não é possível fazermos uma reflexão com os filhos em locais públicos, até pelas circunstâncias do momento, como quando nosso filho erra momento antes de cantar parabéns na festa de aniversário do primo. Nesses casos, recomendo o uso da autoridade somente para corrigir o erro, deixando a reflexão para outro momento, visando, principalmente, não atrapalhar o contexto social.

Exercer a autoridade em todos os locais contribui para educar, disciplinar, traçar limites, definir objetivos, estabelecer o que não pode e o que pode, também demonstra afeto, cuidado e amor.

11- Os comandos devem ser compatíveis com o exemplo

As palavras dão direção, mas é o exemplo que arrasta. Isso também acontece quando falamos de pais em Processo de Educação de Filhos. É muito difícil para um filho quando as ordens são de uma forma e o comportamento dos pais é de outra. O exemplo é tão importante quanto a direção oferecida. Vamos imaginar uma situação em que o filho joga um papel de bala na calçada e seus pais, corretamente usando sua autoridade, pedem para o filho pegar o papel de bala, ofertando os motivos; no mesmo dia, ao terminar de tomar um refrigerante, o pai atira a latinha pela janela do carro. O que o filho está aprendendo? Perceba a confusão que isso provoca na criança. O filho foi corrigido por jogar um papel e o pai jogou uma latinha. Isso é conflitante. O pior é que o exemplo educa mais que as palavras.

Lembro-me de uma situação: estávamos num churrasco entre amigos e o filho de um dos casais disse uma palavra imprópria ao perder o equilíbrio após ser empurrado numa brincadeira por outra criança. O pai estava ao meu lado e, de imediato, em tom normal, repreendeu seu filho com sua autoridade: "não fale isso, é feio, pode parar de brincar e senta ao lado da sua mãe". O filho imediatamente obedeceu. Eu estava diante de pais que trabalham a educação de filhos. Isso me chamou a atenção. Pouco tempo depois, o pai permitiu que a criança voltasse a brincar. Passados uns 30 minutos, estávamos jogando o famoso truco, quando esse pai jogou uma carta errada na mesa, repetiu a mesma palavra imprópria do filho. No mesmo momento, entendi o comportamento do filho. Eu estava diante de pais que educam seus filhos, porém trilham caminhos diferentes dos indicados. Claro que o exemplo estava contagiando mais que as palavras. Claro que a criança ficaria confusa e não compreenderia o suposto castigo, pois poderia estar pensando: "meu pai em casa fala". Isso demonstra a importância do exemplo.

Existem outros exemplos que confundem os filhos como uso de bebidas alcoólicas, cigarros, alimentos, roupas etc. Lembrei-me de uma situação constrangedora. Estava fazendo uma visita a um familiar, tomando um tradicional café na cozinha, eis que surge o filho com uma garrafa vazia de cachaça simulando beber e estar embriagado, meio que desequilibrando. O pai disse: "que isso, filho? Bebida faz mal e não pode, me dá isso agora". O filho disse: "você toma e não faz mal". O pai ficou inerte à situação e me disse: "criança tem resposta pra tudo". A mãe disse: "deixa ele brincar, está vazia mesmo". Estava diante de uma situação constrangedora de autoridade, em que o exemplo estava ensinando mais do que as palavras. Lembro-me de que refleti sobre a moral dessa história com minha esposa ao voltar para casa, não julgando o que havia presenciado, mas tentando encontrar quais eram os exemplos que estávamos dando que estavam diferentes das nossas palavras. Isso nos fez crescer como pessoas, casal, pais e família. O bom exemplo facilita nossa autoridade dentro do Processo de Educação de Filhos, proporcionando ganhos em credibilidade e consistência dos nossos comandos. Entendo ser uma boa oportunidade de os pais corrigirem alguns comportamentos, principalmente quando querem que os filhos não os pratiquem.

12- Os comandos devem ser coerentes

Os pais precisam ser coerentes ao usar autoridade no Processo de Educação de Filhos, ou seja, independentemente das situações, manter seus valores, princípios, crenças, regras e comportamentos. A coerência precisa ser individual e conjugal.

a. **Coerência individual** - A coerência individual é uma das partes para, pai ou mãe, tratar de um assunto sempre da mesma forma. Ao contrário, vemos que é muito difícil quando a autoridade não detém critérios lógicos e a incoerência nos comandos acontece, em determinados dias algo pode e, em outros, não pode ou, em determinados dias, existe punição e, em outros, nem observação. Isso desestabiliza o ensinamento e coloca em risco a credibilidade da autoridade dos pais.

Vamos imaginar um pai que, em determinado dia, repreende, corrige e motiva seu filho a não jogar papel de bala na rua, mas no lixinho mantido no carro. Em outro dia, quando o filho abre um bombom derretendo e coloca no lixinho do carro uma embalagem melecada de chocolate, é repreendido pelo pai, que não quer manter sujo o lixinho do carro, pedindo ao filho para jogar pela janela a embalagem melecada de chocolate. São comandos incoerentes. Repare que o pai ordena não jogar o papel pela janela e, em outro dia, ordena jogar.

Vamos imaginar uma mãe que, em determinado dia, repreende seu filho de oito anos por ter deixado as roupas jogadas pela sala e ainda aplica uma punição leve reflexiva. Tudo correto até aqui. No entanto, em outro dia, ao se deparar com roupas jogadas pela sala, agora do filho de cinco anos, a mãe age somente dobrando e guardando as roupas, sem mais nada falar ou fazer. O que o filho mais novo está aprendendo? Que ele pode. O que o filho mais velho está aprendendo? Que o menor não é punido. Sem contar a sensação de injustiça e/ou de gostar mais do menor. A incoerência no uso da autoridade é prejudicial na educação dos filhos.

Assim sendo, é importante que tanto pai quanto mãe, ao usarem da autoridade para determinar algo aos filhos, façam com que vire regra e seja sempre da mesma forma, coerente.

b. Coerência conjugal - A coerência coletiva é ambos, pai e mãe, tratarem do mesmo assunto sempre da mesma forma. Para isso acontecer, os pais precisam sintonizar no mesmo canal de comando; caso contrário, teremos um problema de falta de coerência no uso da autoridade. Isso geralmente ocorre quando uma das partes usa sua autoridade para impor uma regra ou cobrar um comportamento e a outra parte usa da sua autoridade para impor outra regra ou fazer outra cobrança comportamental, causando uma enorme insegurança aos filhos. É como o ditado popular: "muito chefe e pouco índio". Um exemplo disso é a mãe repreender e corrigir a filha dizendo que todos os copos sujos devem estar dentro da pia com água para facilitar a limpeza e o pai, dias depois, repreender e corrigir a filha dizendo que não pode ter copos com água dentro da pia, pois dificulta lavar as louças. A filha vai ficar sem saber o que fazer, pois recebeu comandos incoerentes.

Outra situação de falta de coerência conjugal é pai e mãe, juntos, imporem uma regra aos filhos e ambos, pai e mãe, quebrarem a própria regra imposta por conveniência pessoal. Exemplo: pai e mãe, juntos, impõem uma regra para deixar de usar celular em horários de refeições. Só que, em determinado dia, discutindo a venda do carro da família, ambos pedem para o filho fazer uma pesquisa de preço na *Internet* pelo celular, enquanto almoçam. Afinal, pode ou não usar o celular nas refeições?

É preciso atenção e diálogo dos pais para serem, juntos, coerentes. Imagine uma mãe impondo uma regra de comportamento em que o filho, ao tirar as roupas, deve colocá-las dentro do cesto de roupas sujas, eis que surge o pai com pressa dizendo ao filho: "deixa sua roupa aí mesmo no chão". Toda vez que isso acontece, o filho tende a escolher aquilo que é mais conveniente, e isso se dá por falta de coerência conjugal. Os comandos dos pais precisam ser coerentes.

Autoridade e autoritarismo

É bom deixar bastante claro que autoridade é muito diferente de autoritarismo e, nesta parte do livro, já ciente da verdadeira missão dos pais no Processo de Educação de Filhos, é fácil perceber que, enquanto autoridade, é dispensável o autoritarismo.

O autoritarismo que é dispensável no Processo de Educação de Filhos está bastante ligado à questão da prepotência, quando alguém, sem avaliar todos os lados e/ou circunstâncias, toma atitudes autoritárias, isoladas, com o poder centralizado nas próprias mãos, muitas vezes meramente de condão punitivo. Isso é muito triste quando acontece, impõe o medo e não o respeito, impõe o cumprir e não o aprendizado. O autoritarismo é uma armadilha no Processo de Educação de Filhos, muito usado por pais supercontroladores ou superprotetores, pois os filhos caminham sentido a algum lugar, no entanto, sem entendimento nenhum, podendo inclusive, em determinadas idades, se revoltar contra os pais, causando distanciamento e interesse pelos caminhos adversos.

A autoridade, por sua vez, é indispensável no Processo de Educação de Filhos e, como já vimos, de extrema importância aos pais, desde que aconteça toda vez de forma equilibrada, sensata e prudente. Sempre gerando aprendizado e priorizando o respeito de ambas as partes, respeito dos filhos para os pais e dos pais para os filhos. Temos que educar os filhos mostrando caminhos e flexibilizando a liberdade dentro do possível, para que sozinhos façam as melhores escolhas. Lembre-se: um dia seu filho estará sozinho e precisará escolher caminhos.

Algumas vezes, haverá confronto às normas e/ou de ideias, e nesses momentos precisará usar sua autoridade como pai, mas não deve usá-la o tempo todo. É como andar a cavalo, o cavaleiro é que tem as rédeas e, se o cavalo estiver andando no caminho ideal, na velocidade certa, não há por que cutucá-lo ou usar as rédeas. Agora, toda vez que tentar sair do caminho ou errar na velocidade, o cavaleiro detém as rédeas e, só nesses momentos, é que se deve usar a autoridade. As rédeas estão para o cavaleiro como a autoridade está para os pais. É uma boa ferramenta no Processo de Educação de Filhos, que só deve ser usada nos momentos certos.

E quando os filhos não obedecem?

Atualmente, vemos inúmeras famílias vivendo uma crise de autoridade, filhos não obedecem aos pais e pais recebem comandos de filhos. Onde está o problema?

Isso geralmente acontece quando os pais não exercem, nos primeiros anos de vida, a autoridade como deveriam exercer, achando bonitinho o filho repetir uma frase com palavrão, por exemplo, ou fazendo todos os gostos e desejos dos filhos, tomando um empurrão do filho e sorrindo para a situação, dizendo com orgulho, quando o filho desobedece, que o menino tem personalidade forte, fingindo que não observa o filho quebrar uma regra estabelecida e outros casos de inércia de autoridade.

Portanto, nos primeiros anos de vida, até os sete anos de idade em média, que muitos pais preferem se omitir do que desprender tempo com qualidade orientando e ensinando seus filhos. E isso pode contribuir para o surgimento de filhos desobedientes. A missão dos pais no Processo de Educação de Filhos gera muito trabalho e tempo aos filhos. O filho é um diamante bruto que precisa ser lapidado dia a dia, desde os primeiros anos de vida.

É necessário acompanhar o que estão fazendo, fiscalizar os comportamentos, usar de autoridade para ensinar e explicar diversas coisas aos filhos. Enquanto pequenos, os filhos podem chorar dentro de uma padaria, gritar dentro de uma farmácia ou se atirar ao chão dentro de um supermercado. Os pais não podem temer comportamentos assim e precisam enfrentá-los com autoridade. Os pais não podem ceder às "birras", "chantagens" ou "jeitinhos carinhosos de pedir". Precisam educar e corrigir, quando preciso. Os pais precisam trabalhar o Processo de Educação de Filhos desde os primeiros anos de vida da criança, para facilitar depois dos oito anos em média, e atingir uma adolescência com filhos mais regrados e disciplinados.

Muitos pais que não fazem sua parte no Processo de Educação de Filhos quando a criança está nos primeiros anos de vida, mais tarde dirão: "as gerações estão desobedientes", "educar filhos é difícil nos tempos atuais" ou "os filhos não obedecem mais aos pais". São frases que, infelizmente, retratam erros dos próprios pais no Processo de Educação de Filhos. Muitos desses filhos serão desobedientes sempre, pois aprenderam assim desde pequenos.

É tão verdade que poderia perguntar: por que as crianças de antigamente obedeciam? O que mudou? O comportamento dos pais. É sabido que o mundo mudou, com mais informações disponíveis aos filhos do que antigamente, com mais tecnologia disponível aos filhos do que antigamente, no entanto, fico imaginando uma criança que nasce hoje, com toda modernidade a sua disposição, sendo educada por meus pais. Sabe o resultado? Saberia exatamente de quem é a autoridade e só com um olhar já entenderia a mensagem. O problema não está nas crianças, em nossos filhos, mas em nossa forma de educar.

Isso é claramente percebido em meus atendimentos. É visível a falta de autoridade ou erros na sua aplicação pelos pais. Tenho o exemplo de um casal de amigos, esposo e esposa detêm três filhos, regados de uma educação sem limites e sem autoridade dos pais. A filha de 19 anos acostumada a comandar seus pais, sem regras estabelecidas em sua casa, mudou para a casa dos tios em outra cidade, para iniciar a faculdade. Ao chegar à casa dos tios, deparou-se com regras e autoridade de pais que trabalham o Processo de Educação de Filhos. Imagina o que houve? Começou a aprender limites, obedecia ao comando dos tios. Simples assim. Na casa dos tios, ela passou a ter horário para almoçar e jantar, horário para estudar e até para passear. A filha do casal me contou certo dia que perdeu três dias seguidos o horário do almoço, pois ficou dormindo até tarde e ficou sem almoçar os três dias. No quarto dia, um sábado, foi convidada por uma amiga para ir ao *shopping* passear e comunicou os tios. Para sua surpresa, a resposta foi negativa, pois havia perdido por três dias o horário de almoço. Eu perguntei à filha: e o que você fez? Ela me respondeu: "chorei e permaneci na casa". Voltei a perguntar: e na outra semana, como foi? A filha respondeu: "no domingo à noite, meus tios me chamaram para conversar, me falaram novamente as regras e, daí em diante, obedeci a tudo que me falavam".

Ela foi aprender sobre autoridade, disciplina e limites na casa dos tios. Ainda bem que teve essa oportunidade. Voltei a conversar com ela, tempos depois, e demonstrou muito carinho e respeito pelos tios, inclusive elogiando-os. Os filhos dependem dos pais para que possam obedecer e entender que a autoridade dentro de uma casa pertence aos pais e não aos filhos.

Não rotule seu filho, modele-o!

Tem uma frase que gosto muito de trazer como reflexão quando converso com pais que reclamam dos filhos: "qualquer que seja o defeito do seu filho, você pode transformá-lo numa virtude". Eu acredito muito nessa frase. Geralmente, os pais me perguntam: "como vou eliminar o defeito do meu filho?". Eu sempre repito a frase dizendo em seguida: "não falei em eliminar supostos defeitos, mas em transformar em virtude". Os pais perguntam, quase sempre: "e como faço isso?". Aí vem minha segunda frase de reflexão: "se mudar o ângulo de visão, talvez possa ver outra coisa". É exatamente isso que precisamos fazer. Muitas vezes, rotulamos nossos filhos como, por exemplo: "meu filho é desobediente" ou "meu filho é desorganizado". Vamos entender duas coisas importantes como pais.

a) Filhos sem interesse pelo assunto

Os rótulos geralmente acontecem quando temos muito interesse em algo e nossos filhos não têm nenhum interesse pelo assunto. Um exemplo disso é: quero entrar no quarto do meu filho e ver tudo organizadinho, cada coisa em seu devido lugar, no entanto, meu filho não se importa com isso e cada brinquedo é lançado fora do lugar. Quando os pais entram no quarto, ficam loucos e muitos exigem que os filhos guardem tudo. Tempo depois, ao voltarem ao quarto, encontram novamente a desordem. E aí surge o rótulo: "meu filho é desorganizado".

Pense agora, estranhamente se reparar em seu filho, ele será muito organizado em diversas coisas, como quando você promete para ele que, depois do almoço, se guardar os brinquedos da sala, tomarão um sorvete juntos. Nesse dia, seu filho brinca na sala, guarda os brinquedos, almoça e depois ainda o lembra do sorvete. Uma pessoa desorganizada não faria isso. A diferença é que agora a organização o interessou. Então seu filho não deve ser rotulado como desorganizado, é necessário entender o funcionamento dele e perceber que, quando é uma atividade do seu interesse, passa a ser organizado. Bingo. Achou o tesouro. Entendeu?

Aqui é um dos segredos do Processo de Educação de Filhos. O meu filho, quando tinha seis anos, me pediu um real para inteirar com outros dois reais que havia ganhado da avó para comprar um doce na escola. Eu disse a ele: "se troca primeiro para ir à escola e arruma sua mochila. Primeiro, faça sua obrigação. Depois, vejo sobre o dinheiro". Isso aconteceu por volta das 11h. Passado um tempo, por volta das 12h, fui até a sala e vi meu filho sem uniforme, ainda de pijama, somente com a mochila arrumada. Conferi a mochila e estava tudo certo, porém não se trocou para ir à escola. Sem dizer nada a respeito, peguei suas roupas, entreguei e dei uma ordem: "veste as roupas rápido para ir à escola".

Fiquei aguardando até ele se vestir, e saímos para escola. No caminho, meu filho se recordou do dinheiro e me disse: "pai, preciso do dinheiro para inteirar, ficou de me dar". Eu parei o carro, pois era necessário o aprendizado naquele momento. Olhei para meu filho e perguntei: "o que descumpriu hoje?". Meu filho: "nada pai, arrumei a mochila". Eu disse: "fez muito bem arrumando a mochila, mas faltou algo. O que foi?". Ele me disse: "não me troquei porque a Andressa (minha outra filha) não quis pegar o uniforme e não sabia qual era para usar". Meu filho tentou transferir a culpa, não assumindo a responsabilidade pelos seus atos, agravando a situação. Eu disse: "o que poderia ter feito diferente?". Ele disse, chorando nesse momento: "ter me trocado". Eu disse: "se não sabia qual uniforme vestir, o que poderia ter feito diferente, se a Andressa ainda não o ajudasse?". Ele disse: "ter chamado você e perguntado". Eu disse: "exatamente, você não está sozinho. Eu estou aqui para ajudá-lo. Se não pedir minha ajuda, não posso ajudá-lo. Culpar as pessoas e não assumir os erros é grave. Não faça mais isso. O que aprendeu?". Meu filho disse: "que preciso pedir sua ajuda para colocar o uniforme".

Pronto, o aprendizado acabara de acontecer. Ele me respondeu e mostrou que entendeu. Ao sair com o carro, ainda chorando me perguntou: "você vai me dar o dinheiro?". Eu disse: "quando chegar à escola te respondo". Ao chegar à escola, no portão, com meu filho limpando as lágrimas abaixei-me e, olhando nos olhos dele, disse: "você descumpriu o que pedi, não se trocando e ainda tentou culpar sua irmã, não assumindo sua falha, portanto não vou dar o dinheiro hoje. Amanhã, conforme seu comportamento, posso dar o dinheiro".

Voltou da escola e nada me falou. Tudo estava normal. No outro dia, meu filho, logo pela manhã, me perguntou: "hoje você vai me dar o dinheiro, pai?". Eu respondi: "ao meio-dia, quero você com o uniforme e com a mochila pronta. Depois vejo sobre o dinheiro". Ao meio-dia, quando cheguei em casa, estava pronto e me disse: "hoje eu mereço o dinheiro". Eu disse: "hoje você cumpriu sua obrigação comigo, vamos que no portão da escola conversamos". Meu filho entrou todo feliz no carro e fomos até a escola. No portão, eu perguntei: "por que devo te dar o dinheiro". Ele respondeu: "porque arrumei a mochila e fiquei pronto". Eu disse: "você cumpriu com o que lhe pedi e foi obediente. O dinheiro não é recompensa e amanhã terá que fazer o mesmo e não ganhará nada em troca. Você me entendeu?". Meu filho balançou a cabeça e eu dei um real para inteirar com seu dinheiro. No outro dia, voltou a obedecer, dessa vez sem eu pedir e sem ele me pedir dinheiro. O meu filho passou a se interessar pelo assunto.

O gesto de arrumar a mochila e trocar-se para ir à escola foi o menos importante, mas foi o ponto utilizado para gerar aprendizado. Foi possível refletir nesse exemplo: a) o filho passou a entender quem manda; b) o filho passou a entender que, ao descumprir uma regra imposta, poderá haver consequências; c) o filho passou a entender que, ao cumprir uma regra imposta, coisas boas podem acontecer, porém não haverá recompensa, é sua obrigação; d) os pais passaram a entender que não podem rotular os filhos, a partir do momento em que os filhos se interessarem pelo assunto, virtudes surgirão como obediência, atenção, organização, entre outras. É só mudar o ângulo de visão, que talvez os pais e os filhos possam ver outra coisa. Entendeu? Espero que sim.

b) Pais que suprem filhos

Alguns rótulos de pais em filhos também podem surgir quando a estrela do pai brilha mais que a do filho. Geralmente, isso ocorre mais do que podemos imaginar.

Imagine uma mãe dizendo ao filho: "filho, depois de brincar, quero que guarde todos os brinquedos na caixa de brinquedos". O filho brinca e, ao final, dorme sem guardar os brinquedos. Nesse momento, alguns pais erram em seu comportamento. Não podemos nos esquecer de que demos um comando, criamos uma pequena regra e que nossos filhos precisam aprender sobre cumprir regras impostas pelos pais. Ainda quando criança, nessas circunstâncias, alguns pais simplesmente guardam, eles mesmos, os brinquedos na caixa de brinquedo. Quando isso acontece, os próprios pais estão ensinando ao filho que as suas ordens e comandos são vulneráveis, inclusive o filho pode concluir: "seu eu não guardar, minha mãe guarda".

Quando os filhos percebem essa fragilidade na autoridade, naturalmente vão começar a encontrar outras atividades mais prazerosas como dormir, assistir à televisão, sair com o papai e outras. Aos poucos, tudo que a mãe ordena o filho já sabe que ela mesma vai fazer na sua ausência. E isso é um erro perigoso no Processo de Educação de Filhos. Com o passar do tempo, não falamos mais de brinquedos, mas de arrumar a cozinha, fazer a lição de casa, do horário de retorno à casa; perdemos a autoridade junto aos filhos.

Nesse processo, pode surgir o rótulo: "meu filho é desobediente." O erro, muitas vezes, é dos pais. Nunca é sábio suprir as responsabilidades dos filhos. Seu filho dormiu? Ótimo, deixe-o dormir e não guarde os brinquedos. Mesmo que venha visita. Explique para a visita a situação. Quando o filho acordar, tenha um comportamento normal e, quando ele menos esperar, achar que você se esqueceu, acompanhe-o até a sala, recorde-lhe da sua ordem e exija que guarde os brinquedos, ainda de forma rápida e concentrada. Sem a sua ajuda. Não permita que seu filho o enrole nesse momento. É de criança que se aprende sobre autoridade. Não supra as responsabilidades dos filhos.

Vou contar uma situação que ocorreu na minha casa. A minha esposa se reuniu com minhas duas filhas, uma na época tinha 16 anos e outra, 13 anos. E fez um combinado. Em casa, chamamos regras de combinado. Nesse combinado, uma delas arrumaria a cozinha do almoço e outra, do jantar. Nos primeiros três dias, tudo perfeito. No quarto dia, uma sexta-feira, a cozinha do almoço não foi arrumada e acumulou com a do jantar, sem ser arrumada também. Imagine duas louças sobre uma única pia. Isso incomodou muito. O que fizemos? Não arrumamos.

Estávamos diante de uma situação social importante: nossa corresponsabilidade. Quando uma não faz sua parte, sobra para outra e, quando ambas se recusam a fazer, temos um problema social. Não bastava, nesse caso, simplesmente aplicar uma punição por uma regra quebrada, elas precisavam aprender a consequência quando não se faz a sua parte. Perceba que era mais fácil, eu ou minha esposa, arrumarmos a cozinha e, em seguida, aplicarmos alguma punição do que deixar sem arrumar a cozinha em plena sexta-feira.

Você não tem ideia do quanto isso nos incomodou. A vontade era arrumarmos a cozinha, mas não podíamos fazer isso. Conversei com minha esposa a respeito e iniciamos o Processo de Educação de Filhos, agora tentando trabalhar a corresponsabilidade, muito além do que o cumprimento de uma simples regra imposta. Colocamo-nos no lugar das nossas filhas e percebemos que, para um adolescente, seria muito bem-vinda uma punição, sem ter que arrumar a cozinha. Perceba que, às vezes, a punição não educa. Os filhos, aos poucos, vão entendendo a forma de punição e, às vezes, é mais fácil inventar uma necessidade de dinheiro, sem estar precisando, só para tomar o castigo dos pais. Precisamos prestar bem atenção nisso.

Bem, no caso em questão, no outro dia, para tomar o café da manhã, num sábado, quando costumamos tomar juntos, a louça estava imensa. Quando elas chegaram, perguntei: "quem não lavou a louça?". Foi um jogo de empurra, uma dizia que as duas não lavaram e outra dizia que não lavou, juntou as louças e não seria justo lavar ambas. Então usei minha autoridade: "Andressa, quero que você lave a louça agora, antes de tomar café". A Andressa me disse: "isso não é justo. A Amanda também não lavou e vou ter que lavar as duas". Fui firme: "eu já disse, quero que você lave". A Andressa lavou, ficou muito brava, a ponto de terminar e não querer tomar café conosco. Simplesmente respeitei sua decisão. No almoço, ela me questionou: "e a cozinha do almoço? Vou ter que lavar de novo?". Eu me posicionei: "nem você nem a Amanda vão ter que lavar". O silêncio se estabeleceu, todos almoçaram e a cozinha ficou sem lavar.

Após o jantar, com uma cozinha enorme novamente, minha esposa chamou a Amanda e disse: "agora você é quem vai arrumar a cozinha". A Amanda, que já havia entendido a situação, sem reclamar, arrumou a cozinha na noite de sábado, do almoço e do jantar. A Andressa só observou, com semblante de felicidade.

No outro dia, logo pela manhã, chamamos as duas para uma conversa. Eu disse: "o que aprenderam ontem?". A Andressa começou: "não podemos ficar sem arrumar cozinha".

E o que mais, perguntei. A Amanda disse: "quando uma não arruma, aumenta o serviço da outra". E o que mais? A Andressa disse: "já conversamos, agora vamos fazer certo.". Foi quando percebi que ambas haviam conversado a respeito, ou seja, refletido sobre a questão.

Quando a Amanda disse que, se uma não arrumar, aumenta o serviço da outra, estavam refletindo sobre a corresponsabilidade dentro de um grupo. É exatamente o que estávamos tentando ensinar às nossas filhas. E acabávamos de conseguir fazê-las refletir sobre o assunto, sem dizer uma palavra; pela nossa autoridade como pais, sem suprir o serviço delas, sem fazer o que elas deviam fazer, suportando uma carinha fechada, sem impor castigos, respeitando o ato de não querer tomar café conosco, acabaram arrumando a louça e aprendendo que a falta de cumprimento das suas responsabilidades gera um problema social, pois não vivemos sozinhos e temos uma corresponsabilidade com outras pessoas.

E mais uma vez digo, nesse caso que aconteceu em nossa família, não precisamos dizer nada para elas, aprenderam sozinhas, as duas conversando. De lá para cá, ambas cumprem suas responsabilidades, inclusive quando uma falha, a outra supre. Um adolescente não gosta de pais que, por qualquer motivo, fazem discursos longos, com lições de moral.

O mais importante, nesse caso em nossa família, foi mostrar que não devemos suprir as responsabilidades dos nossos filhos.

No mundo, não estaremos lá para fazer isso. Melhor aprender conosco que amamos do que com outros que não os amam. Portanto não rotule seu filho. Lembre-se: "qualquer que seja o defeito do seu filho, você pode transformá-lo numa virtude".

A autoridade, portanto, deve sempre ser aplicada com amor, com racionalidade, evitando-se todo tipo de punição no impulso, na emoção, na raiva. Sempre com o propósito de ensinar e educar para o futuro, para que, quando estiverem sozinhos, possam escolher os melhores caminhos. A autoridade com amor é exercida com paciência, calma, bondade, amizade e firmeza. A autoridade com amor proporciona liberdade, independência e felicidade.

A autoridade com amor inicia-se com a mãe de forma mais íntima. Ao nascer, a criança encontra primeiro o amor na mãe, pelos estímulos agradáveis e a satisfação de suas necessidades, mostrando para a criança que a mãe é o porto seguro. Chorou a mãe está lá, para amamentar, trocar as fraldas, cuidar com carinho, afeto e amor. A criança sente na mãe sua primeira grande segurança. Nada melhor para uma criança do que estar nos braços de sua mãe. Nessa etapa que a autoridade da mãe se inicia, dizendo não para algumas coisas e, sim, para outras. O simples gesto de dar um banho, a criança chora e a mãe está ali, conversando, explicando o motivo, dando o banho e amamentando em seguida, é uma forma de usar a autoridade da mãe com amor.

O pai vai entrando nesse processo, podendo acompanhar e conversar com seu filho, desde a gravidez, ainda na barriga da mamãe. Ambos podem levar o filho para as vacinações e acompanhamento médico. Quando os filhos choram de noite, lá está pai e mãe, ao lado e prontos para atender a criança nas suas necessidades. Isso eu chamo de autoridade com amor. Aos poucos, ambos vão impondo normas de comportamento e a criança começa a aprender. Os pais precisam usar sua autoridade com amor desde as primeiras idades.

No texto narrado por Lucas no início deste livro, vimos que José e Maria, mesmo com Jesus sendo filho de Deus, assumiram a missão de pais e, usando de autoridade com amor, conduziram o menino para a cidade de Nazaré, sem discursos prolongados, sem "falarem demais", simplesmente "caminhando em frente", mostrando ao filho que os pais mandam, sabem respeitar, proporcionam crescimento e sabedoria. Um lindo exemplo no uso da autoridade dentro do Processo de Educação de Filhos.

9
A obediência do filho

A obediência do filho é necessária e recomendada em diversas passagens bíblicas, sendo importante reflexão catequética entre pais e filhos, a qual pode ser trabalhada nas primeiras idades por meio de desenhos, leituras reflexivas, quebra-cabeça, contos e teatro em formato de brincadeiras. Outras atividades também podem ser utilizadas para auxiliar no Processo de Educação de Filhos. Seguem, a seguir, algumas ideias:

Montagem de quebra-cabeça

Em Colossenses, Capítulo 3, Versículo 20, encontramos: "Filhos, obedeçam a seus pais em tudo, pois isso agrada ao Senhor".

Uma sugestão interessante nesse trecho é montar um quebra-cabeça de palavras, com uma caixa de papelão, com os filhos. A montagem é uma das etapas mais divertidas. Depois de pronto, é possível competir utilizando tempo de montagem. Ao final da brincadeira, refletir sobre a frase lançando algumas perguntas. Você vai ver que seu filho saberá a frase completa e isso vai ajudando no Processo de Educação de Filhos.

Teatro em família

Em Efésio, Capítulo 6, Versículos 1 a 3, encontramos: "Filhos, obedeçam a seus pais no Senhor, pois isso é justo. Honre seu pai e sua mãe é o primeiro mandamento, e vem acompanhado de uma promessa: para que você seja feliz e tenha vida longa sobre a terra."

Uma sugestão com essa passagem é criar um teatro em família, escrito por pais e filhos, juntos; depois, representado por ambos em casa. Será muito prazeroso e divertido. Você pode trabalhar uma história em que o filho obediente tem um final feliz e o filho desobediente tem um final triste. É uma mensagem subliminar. O teatro em família é um dos meus preferidos para o Processo de Educação de Filhos quando a questão é ensinar os filhos sobre a importância da obediência aos pais.

Competição de contos

Em Provérbios, Capítulo 6, Versículos 20 a 23, encontramos: "Meu filho, obedeça aos mandamentos de seu pai e não abandone o ensino de sua mãe. Amarre-os sempre junto ao coração, ate-os ao redor do pescoço. Quando você andar, eles o guiarão, quando dormir o estarão protegendo, quando acordar, falarão com você. Pois o mandamento é lâmpada, a instrução é luz, e as advertências da disciplina são o caminho que conduz à vida".

Uma sugestão com essa passagem é criar uma competição de contos em que os pais fracionam o texto pelo número de integrantes da família e cada pessoa cria a própria história, sempre com os mesmos personagens. Como sugestão de personagens: 1- menino obediente; 2- menino desobediente. São duas regras: a) a história deve ser construída contendo a frase da bíblia; b) os dois personagens devem participar da história.

Exemplo: a minha família tem três pessoas, então fraciono o texto bíblico em três partes. Uma das partes é: "Pois o mandamento é lâmpada, a instrução é luz, e as advertências da disciplina são o caminho que conduz à vida". Os personagens são: menino obediente e menino desobediente. O meu conto ficaria assim:

Era uma vez um menino que morava muito distante da cidade e seus pais trabalhavam na cidade. Certa vez, ao sair, seus pais deixaram a porteira aberta e o menino, ao acordar, sozinho na casa, viu a porteira aberta. Os seus pais sempre diziam ao menino: "não saia da casa sem estarmos juntos", mas o menino era desobediente. Quando foi pegar a chave para sair, tinha um bilhete do seu pai que dizia: "Pois o mandamento é lâmpada, a instrução é luz, e as advertências da disciplina são o caminho que conduz à vida". O menino pensou sobre o que estava escrito no bilhete, mas não deu atenção e abriu a porta. Ao sair, a porta fechou e o trinco bateu. O menino ficou a manhã toda para fora da casa, pois não tinha como entrar. Não assistiu a seu desenho, não tomou café da manhã, não fez a lição de casa e não brincou. Também não estava pronto para ir à escola. Quando seus pais chegaram, ficaram muito bravos, pois o menino desobedeceu. Então seus pais entraram na casa e leram o bilhete deixado explicando que o mandamento eram as recomendações e ordens que um pai deixa ao filho e esses mandamentos são como lâmpada; se o filho obedecer, coisas boas vão acontecer, a claridade faz com que no escuro tudo seja mais seguro e visível, ninguém tropeça no claro, mas no escuro pode tropeçar e se dar mal. As advertências da disciplina são a punição de ter desobedecido. Qual foi a punição do menino desobediente? Aqui abre para reflexão do filho e o deixa concluir que a criança ficou sem tomar café, sem brincar etc. Finalizamos com o menino mudando o comportamento e sendo obediente para sempre. É isso, um exemplo de um conto inventado pela passagem, com a qual trabalhamos o ensinamento sobre obediência. Aconselho o pai e mãe fazerem primeiro; depois, o filho vai copiar as histórias, ajudando no ensinamento.

Competição de desenhos

Em Provérbios, Capítulo 1, Versículos 8 e 9, encontramos: "Ouça, meu filho, a instrução de seu pai e não despreze o ensino de sua mãe. Eles serão um enfeite para a sua cabeça, um adorno para o seu pescoço".

Uma sugestão com essa passagem é distribuir uma folha em branco para cada participante da família e fazer uma competição de desenhos. São dois desenhos para cada participante.

- **Desenho do filho obediente** - O pai ou a mãe faz a leitura dessa passagem bíblica e inicia o desenho que deve ter três personagens: a) pai instruindo o filho, b) mãe ensinando o filho, c) filho com enfeite na cabeça e no pescoço.

- **Desenho do filho desobediente** - O pai ou a mãe faz a leitura dessa passagem bíblica e inicia o desenho que deve ter três personagens: a) pai instruindo o filho, b) mãe ensinando o filho, c) filho caindo da escada (aqui você pode trabalhar diversas realidades da sua casa, do seu momento, da sua vida, da sua história, trazendo algo que queira ensinar do dia ao seu filho).

Depois dos desenhos prontos, estica-se um varal na sala e, com prendedor, pendura os desenhos. Um a um vai à frente e apresenta seu desenho, explicando a diferença do filho obediente com o filho desobediente. Podem ser feitas perguntas. Fica muito divertido.

É uma atividade muito prazerosa e fácil de transmitir a mensagem, podendo ser trabalhadas várias situações em diversos momentos. Por meio do desenho, podemos ensinar tudo aos nossos filhos, já que eles mesmos montarão seus caminhos.

Leituras reflexivas

Em Provérbios, Capítulo 4, Versículos 1 a 6, encontramos: "Ouçam, meus filhos, a instrução de um pai, estejam atentos e obterão discernimento. O ensino que ofereço a vocês é bom, por isso não abandonem a minha instrução. Quando eu era menino, ainda pequeno, em companhia de meu pai, um filho muito especial para minha mãe, ele me ensinava e me dizia: Apegue-se às minhas palavras de o coração, obedeça aos meus mandamentos, e você terá vida. Procure obter sabedoria e entendimento, não se esqueça das minhas palavras nem delas se afaste. Não abandone a sabedoria, e ela o protegerá, ame-a, e ela cuidará de você".

Uma sugestão para elaborar um texto de leitura é dividir em partes o texto bíblico acima e elaborar perguntas reflexivas de acordo com a maturidade da criança, acrescentando os ensinamentos que deseja transmitir ao filho no momento. Essa mesma leitura pode ser adaptada às diversas realidades e, em formato de leitura reflexiva, o filho vai concluindo e dando os caminhos. O filho aprende falando. O papel do pai e da mãe na leitura é apenas estimular caminhos, sempre comemorando com o filho quando ele encontrar a melhor resposta perante a situação narrada. É muito bacana e gera muito aprendizado. Depois de feito isso, no outro dia, pode-se perguntar o que a criança aprendeu e ela vai contar. É muito profundo o aprendizado nesse sistema de leitura reflexiva.

Exemplo: vou montar com a primeira frase do texto e imaginando que meu filho sempre deixa suas roupas jogadas pela casa. Então ficaria assim a leitura fracionada:

- **Leitura 1 e reflexão (objetivo: criança dizer que é ela mesma)** - "Era uma vez um menino que, sempre ao tirar suas roupas, as deixava jogadas em qualquer lugar; às vezes no chão do quarto, às vezes no banheiro, às vezes na sala de TV, às vezes na cozinha. Você conhece algum menino assim?" (aqui deixe a criança falar – os pais não interferem).

- **Leitura 2 e reflexão (objetivo: criança dizer que são seus pais)** - Essa criança tem pais que não gostam que as roupas fiquem jogadas em qualquer lugar e sempre pedem para o filho guardar suas roupas, às vezes ajudando, às vezes buscando o filho e o trazendo para pegar as roupas. Você conhece algum pai ou mãe que faz isso? (aqui deixe a criança falar – os pais não interferem).

- **Leitura 3 e reflexão (objetivo: ver se a criança aprendeu algo)** - Agora que trouxemos a criança dentro de uma leitura lúdica para a realidade, você começa uma história com orientações seguidas de reflexão de um trecho da passagem bíblica. Exemplo: os seus pais, quando chegaram do serviço, avistaram um par de meias jogado sobre o sofá da sala, e naquele dia apareceu uma visita. Era a titia Maria. A titia que o menino gostava tanto. Ela perguntou: "de quem é essa meia?". E dissemos: "do nosso filho". Ela disse: "mas vocês não ensinam seus filhos que é muito feio deixar uma meia usada sobre o sofá da sala. Como vou me sentar agora?". Dissemos à titia Maria: "a gente fala que não pode". Chama ele, então. O menino chegou e a titia Maria disse: (aqui coloque o texto bíblico). "Você sabe o que o Papai do Céu disse às crianças?". O menino disse: "Não sei, titia Maria". A titia Maria disse: "Ouçam, meus filhos, a instrução de um pai, estejam atentos e obterão discernimento". Aqui começa a reflexão com o filho. A titia Maria perguntou ao menino: "o que seus pais têm orientado/ensinado quanto às roupas?" (aqui deixe a criança falar – os pais não interferem).

- **Leitura 4 e reflexão (objetivo: criança constrói a ideia)** - A titia Maria disse: "o Papai do Céu falou para as crianças ouvirem as instruções dos pais. Você vai começar a obedecer a seus pais? O que precisa fazer com suas roupas?" (aqui deixe a criança falar – os pais não interferem).

- **Leitura 5 e reflexão (objetivo: ver o que a criança aprendeu)** - A titia Maria disse ainda: "o Papai do Céu disse que se, obedecer à ordem dos pais, você aprenderá e ficará cheio de sabedoria. O que aprendeu hoje?" (aqui deixe a criança falar – os pais não interferem).

A cada resposta positiva, os pais comemoram com o filho. Depois de toda a reflexão e aprendizado, encerra-se com um final feliz. Exemplo: a titia Maria abraçou o menino e ficou muito feliz. Ela voltou várias vezes e, sempre que voltou, tudo estava em ordem; o menino nunca mais deixou suas roupas jogadas pela casa. Os pais do menino também ficaram muito felizes.

Cinco textos bíblicos

Vou deixar abaixo outros cinco textos bíblicos para serem trabalhados com os filhos sobre obediência e respeito aos pais.

- Em Deuteronômio, Capítulo 5, Versículo 16, encontramos: "Honra teu pai e tua mãe, como te ordenou o Senhor, o teu Deus, para que tenhas longa vida e tudo te vá bem na terra que o Senhor, o Teu Deus, te dá".

- Em Provérbios, Capítulo 13, Versículo 1, encontramos: "O filho sensato aceita a correção do pai, o filho insolente não escuta a repreensão".

- Em Êxodo, Capítulo 21, Versículo 15, encontramos: "Quem ferir seu pai ou sua mãe, torna-se réu de morte".

- Em Êxodo, Capítulo 21, Versículo 17, encontramos: "Quem amaldiçoar o seu pai ou sua mãe, torna-se réu de morte".

- Em Provérbios, Capítulo 30, Versículo 17, encontramos: "Quem zomba do seu pai e não obedece à sua mãe, deve ser devorado pelos urubus ou ter os olhos arrancados pelos corvos".

Por fim, no início deste livro, vimos no texto narrado por Lucas que Jesus, sendo filho de José e Maria, ao receber uma ordem de seus pais, deixou o Templo em Jerusalém e os seguiu em estado de obediência. Isso foi narrado por Lucas: "e permaneceu obediente a eles", referindo-se aos pais José e Maria. E tudo isso trouxe sabedoria ao filho, conforme narrativa de Lucas: "e Jesus crescia em sabedoria". Ser obediente aos pais é muito importante para o futuro dos filhos. Os filhos precisam saber disso e cabe aos pais ensinarem.

10
O aprendizado das partes

O Processo de Educação de Filhos poderia também ser chamado de Educação de Pais, ou então Educação de Pais e Filhos, pois ambos crescem em aprendizado a cada momento.

Quem ama aprende

Eu costumo dizer a seguinte frase em minhas palestras: "só pode dar algo quem tem algo a oferecer". Parece óbvia a frase, mas em diversos momentos é preciso refletir. Vou trazer duas situações para refletirmos.

A primeira situação é um pai e uma mãe se recusarem a adquirir novos conhecimentos, não se aprofundarem no assunto de educação de filhos, simplesmente educarem seus filhos conforme foram educados.

A segunda situação é um pai e uma mãe buscarem conhecimentos novos para educar seus filhos, comprarem livros, lerem juntos e discutirem situações, participarem de palestras, aprenderem ferramentas de liderança e sempre buscarem novas experiências e conhecimentos.

Pergunto: qual dos pais terá mais a oferecer aos seus filhos? Claro que os pais da segunda situação. Por esse motivo é que a referida frase citada no início do trecho é reflexiva. Vamos pensar: se os pais realmente amam seus filhos e querem ser participativos cumprindo com a missão de educá-los, precisam ter para poder dar. É isso que muitos pais não conseguem entender e, às vezes, educam seus filhos como foram educados, repetem erros ou se omitem em relação a outros temas.

Os tempos mudam e as influências externas também. No meu tempo de filho não tínhamos tantas informações à disposição e os jogos eram em número bem menor. E falando em jogos, hoje existem muitas mensagens subliminares sendo lançadas no subconsciente dos praticantes dos jogos digitais. Sei que existem jogos educativos, porém os preferidos dos jovens distorcem valores fundamentais, visto que ganha quem mais atirar, matar, roubar, derrubar, trapacear, com cenas violentas e de brutalidade. Os pais precisam ficar atentos e adquirirem novos conhecimentos, é sempre fundamental.

Os pais da primeira situação, embora com menor conteúdo para ofertar aos filhos, ainda têm algo para dar, exatamente aquilo que receberam dos seus pais e das experiências que tiveram na vida. Esses pais não estão de mãos vazias, porém poderiam adquirir mais conhecimentos, como você faz ao ler este livro.

O aprendizado, em ambos os casos, sempre acontecerá e posso afirmar, com certeza: "será de ambas as partes". O filho aprende muito com os pais e os pais aprendem muito com os filhos. Quando o Processo de Educação de Filhos realmente acontece, vivemos uma relação de magia, com ambos crescendo em bons valores, aprendendo dia a dia e sendo felizes. É muito bacana refletir sobre isso.

Aprendendo com os filhos

As crianças pequenas nos ensinam muito. Tanto que, em Mateus, Capítulo 19, Versículo 14, encontramos: "Jesus disse: Deixem as crianças e não lhes proíbam de vir a mim, porque o Reino do Céu pertence a elas". É possível ver nessa manifestação de Jesus que as crianças são puras, humildes, verdadeiras e com comportamento que agrada a Deus. E muito vamos aprender com os filhos, se estivermos atentos a tudo que acontece. Eu digo isso, pois, muitas vezes, Deus está nos falando pelos nossos filhos e estamos cegos, surdos e mudos perante as situações.

Certa vez, minha esposa estava acompanhando meu filho pequeno a fazer sua tarefa de casa, e tudo estava muito sério e tenso. De repente, meu filho escreveu algo errado e caiu na gargalhada. Não entendemos nada. Novamente errou e caiu na risada. Minha esposa perguntou a ele: "do que está rindo?". Meu filho disse: "de nada". E caiu na risada novamente. Aos poucos, estávamos todos rindo e nos divertindo. O ambiente ficou leve e agradável. Nesse momento, eu disse a minha esposa:

"as crianças riem até sem motivos, os adultos não riem até tendo motivos". Foi um grande aprendizado.

Recordo-me de que fui procurado por uma mãe que estava com dificuldade com sua filha quanto à questão de dormir cedo. Essa mãe todos os dias, por volta das 21h, se recolhia para dormir, desligando tudo em sua casa e colocando sua filha para dormir. No entanto, a filha não estava com sono e ficava brincando, sem dormir até altas horas. Em determinada noite, a mãe irritada, isso por volta das 23h, deu um safanão na filha e falou forte: "vai dormir agora". A filha chorou e a mãe deitou na cama com o coração apertado e arrependido pelo safanão. A mãe então me contou que, passados alguns minutos, a filha, soluçando, chamou-a: "mamãe, meu braço está doendo, mas eu te amo e gosto de você". A mãe ficou emocionada quando me contou e disse que, no dia seguinte, somente pediu perdão à filha e a abraçou.

As crianças se adaptam à rotina dos pais, desde que os pais convivam com as crianças; caso contrário, poderão se adequar à rotina de outras pessoas como avós, tias, babás. Nesse caso em questão, descobri que a criança dormia depois da escola, ao chegar à casa da avó, no período da tarde, todos os dias. E a mãe também não sabia, pois a avó nunca contou. Quero refletir sobre dois ensinamentos que aprendi orientando essa mãe.

O primeiro ensinamento foi a rapidez e facilidade em perdoar da criança. É inacreditável como foi rápido, pois a mãe me contou que, depois do safanão, sem a dor passar, apenas alguns minutos depois, a filha disse: "mamãe, meu braço está doendo, mas eu te amo e gosto de você". O perdão da criança externado com seu amor restabeleceu o amor existente no coração da mãe e a trouxe de volta à paciência. É isso que muitas vezes precisamos aprender. Às vezes, mesmo sem tomar nenhum safanão e mesmo sem dor no braço, já nos isolamos e nos distanciamos das pessoas que amamos. A criança soube resgatar o amor e restabelecer a paciência. Os pais podem sempre aprender com os filhos.

O segundo ensinamento foi a descoberta dessa mãe sobre as chamadas interferências externas. Ela não sabia que a filha dormia depois da escola. Tanto que identificava um problema na filha, de difícil solução. Os filhos sofrem influências externas, como já vimos neste livro, e estar atento às influências é importante. A influência externa da avó era uma oportunidade e não deveria ser cortada. Eu estava diante de uma situação na qual o problema estava com a mãe e não com a filha. Muitos pais, em situação análoga, passariam várias recomendações à avó do que fazer ou não fazer ou, pior ainda, impediriam a ida do filho à casa da avó. Não recomendo nada disso.

Quando os nossos filhos estiverem na escola, no clube, na igreja ou em outros lugares, estarão sozinhos e serão eles que precisarão lidar com as interferências externas, escolhendo caminhos. Precisamos preparar nossos filhos. Essa mãe tinha uma oportunidade em mãos. Ofertar outro caminho à filha. Foi exatamente o que orientei. Solicitei que a mãe, sem comentar nada com a avó, implantasse algumas atividades prazerosas depois da escola, como pintar, desenhar, montar e outras. Isso porque a própria filha disse à mãe: "é chato ficar na casa da vovó; depois que tomo café, não tenho o que fazer". Era nesse horário que a filha dormia. Com um pouco de criatividade, a filha passou a não dormir nesse horário, pois existiam atividades a serem feitas, já que, ao chegar à casa, sempre realizariam brincadeiras juntas. Iniciamos com o jogo do quebra-cabeça, a filha pintou inúmeros quadros e, ao chegar à casa, mãe e filha brincaram por cerca de 30 minutos. A filha não dormiu nesse dia. Foi a primeira vitória. Após brincar, fez os afazeres, tomou banho, jantou e, exausta, dormiu. Com o passar do tempo, isso foi se repetindo e a filha entrou na nova rotina da mãe. Tudo ficou estabelecido. E muito aprendizado de ambas as partes.

O mesmo aconteceu no texto narrado no início deste livro por Lucas, Maria, mãe de Jesus, guardava os ensinamentos que aprendera com o filho ainda criança, conforme narrou Lucas: "E sua mãe conservava no coração todas essas coisas". O filho, por sua vez, Jesus, também aprendia com seus pais, conforme narrou Lucas: "E Jesus crescia em sabedoria...". O aprendizado realmente acontece para ambas as partes.

11
O respeito como consequência

No exemplo que trouxe no capítulo anterior, da mãe que queria fazer sua filha dormir cedo, perceba que, antes de iniciar o Processo de Educação de Filhos, faltou paciência, entendimento, atenção, foco no todo e compreensão. Isso gerou desrespeito da mãe para a filha. Por outro lado, a filha desobediente a uma determinação de sua mãe, não por vontade própria, mas pelas circunstâncias que estava vivendo no momento, também a desrespeitou. O Processo de Educação de Filhos ao ser introduzido como nos tempos antigos, conforme venho descrevendo neste livro, proporcionará naturalmente o respeito como consequência.

É incrível como isso é real. No mesmo exemplo, vimos que a mãe, ao trabalhar o Processo de Educação de Filhos, mudou alguns dos seus comportamentos, deixou a vida da filha mais alegre e com sentido de família. Aproximou-se da filha e viveram como amigas, brincando juntas diariamente, mesmo que por pouco tempo, mas com qualidade. Para a filha, ficou mais legal estar na casa da avó e super empolgante chegar à própria casa. Os encontros mudaram e as regras passaram a ser cumpridas, com a mãe tendo a noite de sono desejada e a filha, com baterias recarregadas para aproveitar o dia que se iniciava com a escola. E tudo isso ainda gerou o respeito como consequência. Entendeu? É isso, quando os pais trabalham o Processo de Educação de Filhos, ambas as partes adquirem respeito com "r" maiúsculo. E o respeito não vem em primeiro lugar, mas será sempre uma consequência, o resultado, uma sequência lógica, ou talvez um dos frutos da educação de filhos.

O medo afasta

Quando a dose do remédio é excessiva, o desequilíbrio acontece e o medo aparece. A falta de paciência, o abuso de autoridade, os castigos severos, as ameaças e outros excessos na educação de filhos contribuem para o surgimento do medo.

No Processo de Educação de Filhos, os pais sempre são mais fortes, principalmente no quesito dependência, os filhos precisam dos pais. Ao surgirem forças desmedidas dos pais, os filhos passam a ter medo. Vamos refletir um pouco sobre as reações que o medo provoca. Você gosta de estar perto daquilo que tem medo ou gosta de estar longe daquilo que tem medo? É exatamente isso que o medo provoca nos filhos. Os filhos não querem estar perto dos pais, pois se sentem melhor longe. Perto será sofrimento.

Um filho com medo dos pais será obediente, principalmente na presença dos pais, no entanto, quando estiver longe, talvez não seja tão obediente às orientações. Eu sempre costumo dizer em minhas palestras: "criança afastada do doce se lambuza com açúcar". É isso que ocorre quando o medo é implantado na relação pais e filhos. O filho, longe dos pais, tende a fazer tudo que não pode fazer perto dos pais e vai se lambuzar com o açúcar. Isso é muito perigoso. Isso fere a essência da educação de filhos que é prepará-los para escolher caminhos. O filho aprenderá a mentir, esconder, trair e, principalmente, a se comportar de duas formas. Com o respeito, isso não acontece. Não há porque se comportar de duas formas, não existe o medo.

A verdade aproxima

Dentro do Processo de Educação de Filhos, vale reforçar a questão do compromisso de ambas as partes em sempre falar a verdade, independentemente da circunstância, os pais precisam estimular a verdade desde as primeiras idades. Para tanto, o exemplo dos pais é vital. Não dá para pedir aos filhos para serem verdadeiros se os pais constantemente mentem, até por questões banais, como: "desce daí senão vou te matar", "limpa para seu pai não ver" ou "fala que eu não estou". Somos modelos aos filhos e nossos gestos, ações, atitudes e comportamentos ensinam os filhos.

Além disso, como precisamos incentivar os filhos a dizer sempre a verdade, algumas verdades não podem ser punidas pelos pais. Caso contrário, estamos ensinando a nossos filhos que, ao falar a verdade, serão sempre punidos, ou seja, aprenderão que, para não serem punidos, precisarão mentir ou esconder a verdade. Isso é um erro clássico em educação de filhos.

    Certa vez, estávamos sozinhos em casa, eu e meu filho de cinco anos, quando um barulho ocorreu na cozinha. Ao chegar, havia um copo quebrado no chão e ninguém na cozinha. Nesse momento, procurei meu filho e ele estava no banheiro. Saiu do banheiro e eu o chamei para conversar: "filho, foi você que derrubou o copo e quebrou?". Ele me respondeu: "não, eu estava no banheiro". Até achei estranho, mas suspeitando que mentia, disse: "filho, somos amigos e nada vai acontecer se me falar a verdade. Diferente se mentir. Você confia em mim?". Ele respondeu: "sim". Então perguntei: "nada vai acontecer se falar a verdade. Foi você?". Ele respondeu: "foi". Nesse momento, muitos pais que não trabalham o Processo de Educação de Filhos poderiam iniciar um discurso ao filho, aquilo que chamo de "fazer palestra", em que o pai ou a mãe permanecem horas falando sobre o mesmo assunto, repetindo as mesmas coisas, poderia repreendê-lo severamente, impor algum castigo baseado na máxima "vou ensinar meu filho a não errar" ou muito pior, agredir o filho. Uma pena quando isso acontece. Antes de dizer o que fiz, quero fazer uma pergunta: "quem nunca quebrou um copo por acidente?". Eu me recordo daquela passagem em que trouxeram a mulher pecadora a Jesus e ele disse: "Atire a primeira pedra quem não tem pecados", e um a um foram saindo. É isso, o copo já estava quebrado, o meu filho não se cortou, quando mentiu a primeira vez demonstrou saber que errou; quando se escondeu no banheiro, estava com medo da punição.

Eu estava diante de um copo quebrado e de uma criança arrependida, com medo. A mentira foi uma defesa, embora errada. Essa percepção é importante nesses momentos. Todos nós reagimos, cada um do seu jeito, frente a uma situação difícil. O meu filho havia reagido se escondendo e mentindo. Nesse momento, só me restou ensiná-lo sobre não mentir. A parte boa foi que ele confiou em mim e isso me deixou orgulhoso como pai que trabalha a educação de filhos.

Então disse: "que ótimo que falou a verdade. Isso é motivo de comemoração. Você ganhou um amigo para jogar bola com você hoje à noite. Combinado?". Ele, todo feliz e aliviado, disse: "da hora". Eu disse: "mas, antes, faltou uma coisa. O quê?". Ele respondeu: "não sei, pai". Eu disse: "pensa no que acabou de acontecer e tente adivinhar o que faltou". Ele disse: "limpar o chão". Eu respondi: "exatamente. E isso você vai fazer com todo o cuidado, sem pegar vidro com as mãos, vai pegar a vassoura e a pá e limpar o que fez. Pode ir que vou ficar observando". Claro que meu filho pegou só os cacos de vidro maiores e que não conseguiu limpar o chão como um adulto; na sua idade ainda não detém tantas habilidades. Após limpar do seu jeito, eu disse: "agora senta na cadeira que vou lhe mostrar como pode limpar melhor, numa outra vez". Peguei a vassoura, fui limpando e explicando como melhorar o que acabara de fazer. Tudo limpo, ao final: "para finalizar, quando sua mãe chegar você mesmo vai contar tudo pra ela. Combinado?". Ele me disse: "ela vai ficar brava comigo". Eu disse: "confia em mim? Você conta falando a verdade".

Em seguida, sem meu filho saber, liguei para minha esposa e contei o acontecido e o que estava trabalhando. Ao chegar para o almoço, meu filho relutou, mas, quando pedi, ele contou a história toda, escondendo alguns pequenos detalhes, como ter ido se esconder no banheiro. Minha esposa pediu para tomar cuidado, pois poderia machucá-lo e o parabenizou por ter falado a verdade. Pronto, estávamos ensinando nosso filho a dizer a verdade. À noite, jogamos futebol no quintal para comemorar a verdade.

Sempre que possível, quando seu filho disser a verdade, comemore e o estimule a continuar dizendo a verdade, faça-o perceber que, ao dizer a verdade, existem ganhos. Isso vai ser importante no futuro, quando seu filho estiver adolescente. Educamos nossos três filhos sempre priorizando a verdade, um valor indispensável para uma vida em família e para o Processo de Educação de Filhos.

Algumas verdades são difíceis de escutar, mas importantes acontecerem. Vou contar uma verdade difícil de escutar que aconteceu em minha vida como pai. Uma das minhas filhas adolescentes começou a namorar. Certo dia fiz uma pergunta que achava até saber qual seria a resposta. "Você já manteve relação sexual com seu namorado?". A resposta foi: "não, somente nos tocamos na parte íntima um do outro". Foi um susto escutar aquilo. Confesso que esperava uma resposta "não" e pronto. Mas a verdade veio e foi essa a educação que tentamos ensinar a nossos filhos. Incomodou a verdade naquele momento. Foi difícil ouvi-la. Até tinha ideia que poderia acontecer, já que o mundo vem tratando com tanta normalidade essas questões, mas ouvir a verdade, às vezes, nos surpreende. Recordo-me de que minha reação foi dizer: "tudo bem", me posicionando na defesa em seguida: "acho cedo demais para isso, mas as escolhas são suas". Em seguida, saí chateado, tentando disfarçar. Hoje até me divirto com a situação, mas foi difícil ouvir a verdade. No mesmo dia, mais calmo, refleti como foi importante um tema tão delicado ser respondido com a verdade. Minha filha estava confiando em mim, sem medo, tendo respeito.

No mesmo dia, voltei ao assunto com ela: "filha, preciso que seja verdadeira comigo. Realmente não manteve relação sexual com seu namorado?". Ela me respondeu: "falei a verdade e, quando tiver, conto. Eu tive vontade. Mas ainda não mantive relação sexual". Nesse momento, contemplei a verdade. Tempos depois, ela procurou minha esposa e contou que havia mantido relação sexual com o namorado. Ela falou a verdade. Se não estivéssemos trabalhando o Processo de Educação de

Filhos, jamais saberíamos de um assunto tão íntimo, e contar para a mãe permitiu receber algumas orientações de quem realmente a ama, foi melhor dessa forma. O respeito existiu. A escolha é dela e faria com os pais querendo ou não, pois não estamos todo o tempo com nossa filha na escola, no clube e em outros momentos.

No texto narrado por Lucas no início deste livro, os pais José e Maria e o filho Jesus viveram um modelo de educação de filhos com base na verdade que gerou respeito como consequência. Quando retomamos a atenção aos filhos, perseveramos no caminho da educação de filhos, valorizamos as qualidades e dons dos filhos e colocamos a paciência em primeiro lugar tendo o amor como centro da vida. Ainda, levamos o filho até a igreja, usamos nossa autoridade com sabedoria, ensinamos nossos filhos a nos obedecer, além de ambas as partes aprenderem e colherem como fruto o respeito mútuo.

12
A confiança de Deus em nós

O último capítulo deste livro é um dos mais importantes de serem compreendidos, visto que, quando entendemos sobre a confiança de Deus em nós, passamos a entender a nossa verdadeira e santa missão de sermos pais.

Em Gênesis, Capítulo 02, Versículo 07, encontramos: "Então Deus modelou o homem com a argila do solo, soprou-lhe nas narinas um sopro de vida, e o homem tornou-se um ser vivente". A vida é um dom de Deus e nenhuma criança nasce sem o sopro divino de Deus. Por esse motivo, sempre entendi que a mulher é mais próxima de Deus do que podemos imaginar. Deus deposita toda confiança na mulher, semelhante à confiança que teve com Maria. É exatamente numa das trompas que tudo começa e no útero que o embrião, já com o sopro divino chamado alma, vai se desenvolver até o nascimento. Assim como Maria abrigou Jesus, toda mulher grávida abriga a obra de Deus, chamada filho.

Em Jeremias, Capítulo 1, Versículo 5 primeira parte, encontramos: "Antes de formar você no ventre de sua mãe, eu o conheci, antes que você fosse dado à luz, eu o consagrei". O que chamamos de "nosso" filho é primeiramente filho de Deus. E isso é claramente percebido em outras passagens, como na vinda do anjo a Maria, o qual anuncia ser ela a escolhida para receber o filho de Deus.

Essas reflexões são importantes, principalmente para entendermos a nossa verdadeira missão no Processo de Educação de Filhos, somos apenas gestores dos filhos de Deus, os quais foram confiados a nós e que temos o dever de educá-los, respeitando o livre-arbítrio, como Deus faz conosco, para que os filhos possam escolher os melhores caminhos. Também nos ajuda a entendermos o verdadeiro sentido de nossa missão, aquilo que foi pedido por Cristo na terceira aliança de Deus com a humanidade, escrita em Marcos, Capítulo 16, Versículo 15: "Vão pelo mundo inteiro e anunciem a Boa Notícia para toda a humanidade". Quando não evangelizamos os nossos filhos, estamos descumprindo a missão que Jesus nos confiou.

Assim, precisamos eliminar o sentimento de posse sobre os filhos, muitas vezes utilizado para conquistar coisas, alcançar e mostrar poder, exibir-se perante a sociedade, tirar seu livre-arbítrio, fazendo escolhas por eles, puni-los com rigor exagerado ao ponto do ódio ser maior que o amor, e outras coisas parecidas. Precisamos respeitar os filhos assim como respeitamos a Deus.

Os filhos precisam aprender sobre a Fé em Deus; quando estiverem caídos numa sarjeta, longe dos nossos braços, longe do porto seguro, somente a Fé em Deus é que pode levantá-los. Os filhos precisam aprender sobre o Temor a Deus, pois longe dos nossos olhos, do nosso alcance, o mundo oferecerá ter, poder e prazer e só o Temor a Deus pode afastá-los desse caminho, evitando que caiam na armadilha do inimigo.

No Salmo 127, Versículos 3 a 5, encontramos: "A herança que Deus concede são os filhos, seu salário é fruto do ventre: os filhos da juventude são flechas na mão de um guerreiro. Feliz o homem que enche sua aljava com elas, não será derrotado nas portas da cidade quando litigar com seus inimigos". Os filhos são, portanto, recompensas que Deus nos dá de presente. Como é feliz o homem que tem um filho e mais ainda aqueles que têm mais de um filho. Minha mãe sempre me disse: "quem tem um filho, não sabe o que é ter filhos". E hoje entendo sua frase, pois tenho três filhos e, se minha esposa aceitasse, teria mais. Feliz o homem que é cheio de filhos, diz o Senhor. E aos pais que têm filhos Deus faz uma promessa ao dizer não serão humilhados quando enfrentarem seus inimigos no tribunal.

No texto narrado por Lucas, no início deste livro, vemos que José e Maria deixavam Jesus crescer como filho de Deus, amando, protegendo e educando, cumprindo com o verdadeiro papel de pais. Isso possibilitou o crescimento de Jesus em sabedoria, em estatura e graça, tanto diante de Deus como dos homens. A confiança de Deus em nós é comprovada quando nascem os filhos. Pense nisso!

Espero que tenha gostado do conteúdo deste livro.
Que Deus abençoe todos os pais e filhos deste nosso Brasil!